# 完美沟通

宋晓阳◎著

中国友谊出版公司

图书在版编目（CIP）数据

完美沟通 / 宋晓阳著. -- 北京：中国友谊出版公司, 2020.6（2022.1重印）
    ISBN 978-7-5057-4885-9

    Ⅰ.①完… Ⅱ.①宋… Ⅲ.①心理交往 – 语言艺术 – 通俗读物 Ⅳ.①C912.11-49

中国版本图书馆CIP数据核字（2020）第044607号

| | |
|---|---|
| 书名 | 完美沟通 |
| 作者 | 宋晓阳 |
| 出版 | 中国友谊出版公司 |
| 发行 | 中国友谊出版公司 |
| 经销 | 北京时代华语国际传媒股份有限公司　010-83670231 |
| 印刷 | 三河市宏图印务有限公司 |
| 规格 | 880×1230毫米　32开 |
| | 8 印张　180 千字 |
| 版次 | 2020 年 6 月第 1 版 |
| 印次 | 2022 年 1 月第 4 次印刷 |
| 书号 | ISBN 978-7-5057-4885-9 |
| 定价 | 45.00 元 |
| 地址 | 北京市朝阳区西坝河南里 17 号楼 |
| 邮编 | 100028 |
| 电话 | （010）64678009 |

# 目录
Contents

## 第二部分

## 独白型表达：完美表达自我，让每一句话都被听到

## 第三部分

## "听辨类训练"：听准了，才能降低沟通难度

第四部分

即兴表达：掌控人生关键时刻，一开口就征服听众

# 前　言

2019 年 4 月 24 日早上 5：43，我发了一条朋友圈。

敲下最后一个字，意味着"结束"！

我在"喜马拉雅"上的知识付费课程《如何成为职场表达高手》更新完了。

这一天我等了很久，因为在非常繁忙的日常工作中给自己增加了一个重量级工作。

感谢"喜马拉雅"团队，辛苦小编张甜、黄晴雪，没有你们两位的支持，这门课不会做出来。

感谢我的诸多朋友的大力支持。

感谢我的学生王帅天的辛苦付出。

我们江湖再见！

时隔一年多，我们又见面了。

这次见面，我带来了《完美沟通》的专业书籍，方便你随时随地学习参考。

如何将播音专业教学中总结的经验、方法平移到社会范畴中去，是我最近几年一直思考的问题。其中，我最关注的领域是职场表达，再精准一点儿来说，就是职场的功能性表达。

记得2018年的12月，课程在"喜马拉雅"上线一个月左右，一位学员给我发微信说，想接受面对面的辅导。这位学员是一位刚刚生完孩子重新投入职场的妈妈，她经验丰富、业务扎实，就是语言表达不够好。为了迎接即将到来的年终总结会，她找到了我。她在我面前把自己准备的年终总结演讲演示了一遍。演示结束后，我给她打了50分。

她的演讲稿的PPT排版毫无新意，工作内容犹如流水账，缺少感染力的表达令人昏昏欲睡。为了帮助她做好年终总结，我跟她聊工作、聊公司、聊心路历程，最后，我将她的演讲稿全部推翻，重新撰写。接下来，我将她的PPT一页一页进行修改，让她按照我的要求一遍又一遍地演练。

公司年终总结那天晚上，我收到了她的微信，两个字：成了。

随着课程的上线，我的职场表达课走进了苹果公司、字节跳动（今日头条）、36氪、中国城市规划研究院等全球知名企业、互联网公司和企事业单位。我的"虎门"师资队伍为提升职场达人的语言表达能力提供了专业的智力支持。

望眼竞争日益激烈的职场，越来越多的人意识到"会说话"的重要性。部门开会说想法，公司内部做汇报、行业峰会做演讲，"能说会道""健谈善谈"俨然已是职场达人的必备"武功"。想要武功盖世，招式重要，心法更重要。我的职场表达课在经过多年的扎实教学检验后，将最实用、有效的方法呈现给你。

打开这本书，你将开启职场语言表达能力提升之旅。学习过程中，方法重要，练习重要，反复打磨、不要丢面子的心态更重要。在业务交流群里我经常看到的提问是："宋老师，一旦在公众场合说话我就紧张，怎么练习才不会紧张呢？"每当遇到这样的问题，我给出的答案是："日常生活中，一般人在众人面前说话的机会少，想要提高能力，只有抓住在众人面前表达的机会，不怕丢面子地去说话，才是提升表达能力的最佳途径。"

　　语言学习的过程是：理论学习、反复练习、内容复盘。只有经历这三个阶段，才能在学习中融会贯通。

　　准备好笔、纸还有手机，边读边练，你也能成为职场表达高手！

# 1
*PART*

第一部分

演示类表达：

揭示演讲的真谛，教你瞬间掌控全场

# 快接慢说：
## 搞定"即兴讲话"，开口就能吸引眼球

一听到"即兴讲话"这四个字，你可能立刻就心里一哆嗦。其实不光是普通的职场人，就连那些以说话为生的主持人在录制节目的时候，如果听到导播让他们即兴组织个一两分钟的串词儿，他们也同样会心惊肉跳。

很多人对于即兴讲话都有一个误解，觉得首要问题是"克服紧张"。但实际上，你之所以会紧张，是因为你对于讲话的场合和讲话的内容没有事先的预测和准备。所以，掌握一套应对不同即兴场景的方法和快速组织语言的思路，才是解决问题的关键。

下面我就给你介绍即兴讲话的一个核心方法和两个辅助性策略，认真听完后，你就能在任何场合做好即兴讲话的冷启动了。

首先我们来说核心方法，总结下来就是六个字：快张嘴、慢说话。

什么叫作快张嘴、慢说话？我用一个职场里最常见的场景给你举例：

小张来公司没多久，被叫去参加公司新产品的研讨会。在讨论产品的市场营销策略的时候，在场多位有经验的同事都提了一些专业意见，这时候，领导突然点到小张的名字，让他也来说说自己的想法。

小张有点意外，于是他赶忙抬起头仔仔细细地看大屏幕上的PPT，脑袋里快速搜索刚才的各种关键信息，然后下意识地边想边说："嗯，这个……我觉得……"

到这里，就是我们今天要讲的第一个重点。我平时在给大家讲课的时候发现，很多人在被安排即兴发言的时候，他们的注意力立刻全部都放在了怎么回答问题这件事上。

我非常理解发言者想立刻说出一些具体的、有实质性的内容。但是你要知道，即兴表达一个非常大的忌讳就是冷场。所以我给你的第一招，叫作"快张嘴"，也就是想办法把话茬儿快速接下来。这样做其实只有一个目的，就是证明你反应快。

也就是说，你不需要一张嘴就直接回答对方的提问。你可以说说跟主题相关或更简单一点儿的内容。比如你最近看到的行业新闻，或者是你联想到的发生在自己身上、朋友身上的事，总之，你用一个相关内容把对方抛过来的话茬儿接住了，这样场子就不会冷下去。

你可能会问，如果一时间什么都没想起来，怎么办？那你记住三个字："获得感"，也就是讲述你从刚才听到的信息中学习到了什么。

我们重新回到刚才的场景，如果小张这么说，效果会好很多。

"今天第一次坐在这里听各位前辈讲产品营销策略，我在这方面是'小白'，真是收获了很多。刚才那几种促销方案，让我想起自己在超市买东西的时候就常常'中招'，原来这背后有这么多门道。"

注意到了吗？刚才的第一句话可以立刻张嘴说出来。但事实上，他并没有回答领导的问题，小张把他的个人立场带到了产品营销这个话题中，听众一点儿都不会觉得突兀，又显得小张反应非常快。这部分不用多说，三四句话就够了。

介绍完"快张嘴"的方法，接下来我们说说第二招，"慢说话"。所谓的"慢"，不是指慢吞吞地说话，而是指要有条理地把你的核心观点说出来。大家都知道，职场表达的第二个禁忌就是发言没有重点、跑题。所以，如果你想让自己的发言条理清晰，要记住两个关键词，一是时间框架法，二是结构法。

首先说时间框架法。实际上，它的目的就是对发言时间进行规划、设计，帮助你在限定的时间内说出具有一定含金量的话。大家平时看到的那些美国总统演讲或名人的公开演讲，全部都需要用时间来划分内容。可以这么说，任何没有时间划分的即兴讲话，都难以做到条理清晰。

那这个框架要怎么建起来？最实用的方法就是总分总结构。

举个例子，如果你想要做一个三分钟的即兴讲话，那就要有意地把这 180 秒做一个三段的划分，开头 20 秒，结尾 10 秒，中间核心主体部分 150 秒。

开头和结尾都相对简单，中间的核心主体部分是最难的。你可能会问，有什么套路能帮我在短时间内输出核心观点吗？

这里就要涉及慢说话的第二个工具了，也就是结构法。任何事与物，都可以把它的基本属性按照一定结构来拆分。比如说每一幅画，都有它的色彩、风格、背景年代等；每一个产品，都有它的价格、品质、功能和设计等。

比如刚才领导让小张对新产品的营销策略发表看法，那他就可以先在脑子里迅速拆分一下关于营销的几个基本点，比如价格、品质、广告语，然后可以这样展开他的核心观点：

"第一，从价格上看，我觉得这个方案还是很吸引人的。和其他产品相比，的确有非常大的竞争力。

"第二，从品质上看，提一点小建议，我们的产品本身品相非常好，需要有更多的方式让消费者了解到，所以我建议在促销的时候送一些试用装。

"第三，从广告语上看，我觉得现在的文案非常棒。从消费者的角度来说，我已经被打动了。"

这三点说完，基本上就是把核心观点有条理地表达清晰了。再加上开头和结尾总结的一两句话，就可以说完成了一次比较合格的即兴发言。

到这里，我们详细地介绍了即兴表达的核心方法：快张嘴、慢说话。总结一下，快张嘴就是要立刻接住话茬儿。用什么接话茬儿呢？用获得感来接话茬儿，就是自己学习到了什么。紧接着是慢说话。对于慢说话，我们需要用到时间框架法和结构法，经过构思再说出口，慢慢来，不能一时心急。

接下来我们说说即兴讲话的两个辅助性策略，第一个就是"外脑支持"。即兴讲话虽然是要一个人来完成，但是也没有规定说不能请人帮忙，是吧？所谓"外脑支持"，就是指你讲话的时候可以通过跟在场的人互动，来建造一个共同交流的场景。

那找谁来帮忙最合适呢？智力支持可以是你的同事，还可以是你的领导。领导不是把你叫起来回答问题吗？你也可以把问题再抛给领导。

其实这一招，在主持节目的时候是非常有效的。我曾经看过马东主持的一档综艺节目，那期的主题是"身处鄙视链，被指'油腻中年'怎么办"。当时的情况是，嘉宾们在舞台上说得热闹，可是现场年轻大学生居多，对于"油腻中年"感触少，所以就有点冷场。马东为了把现场的气氛给调动起来，他临时起意，拿起了话筒采访现场的观众，正好有几个观众发言特别有趣，整个现场哗一下子就热起来了。

同样的道理，在职场当中类似的场合，你也可以利用别人来支撑你的发言。除非是在特别正式、特别严肃的场合，或者当你跟其他人有比较大的地位差别时，请谨慎使用这个技巧，否则千万别让自己一个人孤单单地待在那儿。

第二个辅助型策略，就是"点题式收尾"。大家都知道，"编筐编篓，重在收口"，一次成功的即兴讲话，同样需要一个画龙点睛的结尾。你可能会说，能把核心内容表达完整已经很不容易了，哪还有脑力画龙点睛呢？这里面有一个错误的认知，那就是很多人都认为，说过的话不用再说第二遍，但这个想法是大错特错的。

　　重要的内容是需要重复表达的，目的是要让人们记住。观点要短而有力，只挑关键信息，字数控制在 15 个字以内最为合适了。这里再教给你一个能给自己加分的小动作，就是热情的眼神。在做最后的陈述时，你说话要稍微慢一点儿，声音要大一点儿，同时，用一个笃定、自信的眼神和在场的人逐一进行交流，要让在场的每一个人感觉到被你所关注，被你的热情所感染。

　　最后总结一下本节内容。遇到需要即兴讲话的场合，记住六个字：快张嘴、慢说话。在慢说话时，用时间框架法和总分总结构法准备核心内容。如果觉得发言不够充分的话，可以借助外脑支持，向在场的人抛问题，最后，无论发言长短，都要记得点题式收尾，强化一下你的核心观点。

## 隐性逻辑：让你的表达富含逻辑，无懈可击

　　隐性逻辑是一个看不见、摸不着且隐藏在语言表达当中，与说话息息相关的思维模式。学会使用隐性逻辑，你就多了一个说话表达的新通道。

先来说说什么是隐性逻辑。形象地说，建筑物是显性逻辑，图纸就是隐性逻辑。

隐性逻辑就是我们长期以来的惯性思维模式，这些思维模式左右着我们的认知、判断以及表达。作为思考、推理、观点最主要的外化方式——说话与表达，每时每刻都受到隐性逻辑的影响。

逻辑、语法、修辞是语言表达形成的三个基本面。从排序上，你会发现逻辑排在第一位。逻辑是把我们思考问题的推理过程运用有声语言外化出来。逻辑的轨迹通过语言被我们发现了，这是显性逻辑。可是，想要看到将建筑物呈现出来的图纸，就需要一些方法了。因为图纸是隐性逻辑，不容易被发现，不容易被掌握。

前段时间，意大利 D&G 辱华的言论引起公愤，显性逻辑是那位设计师不顾后果地大放厥词，而真正导致这一后果的是他的隐性逻辑。在他的思维定式和价值观中，对于中国，他是不尊重的，所以才会在跟人对峙的时候，说出那么多的不当言论。

回过头来，我们需要运用好隐性逻辑，在职场表达中，不要因为使用不当给自己造成麻烦。

下面来说一下运用隐性逻辑把控自己的观点、事例、结论的方法。

第一个方法是大声说出你的观点，不要掉入偏见的深坑。

观点的表达，也是意见和看法的表达。在准备公开讲话时，把你的观点一条一条地都写下来，反反复复大声读出来。这时候，不仅可以练习发声，将你的音量从日常的说话音量调整到大场合表达需要的音量上去，更重要的是大声朗读能够让你的注意力高度集中在你的观点上，让自己在短时间内可以适应这样的音量说话。

在你大声朗读的时候，你需要做一些这样的自我质疑。

我的观点是否冒犯了作为社会人的底线？

我的观点是否存在性别、地域、宗教上的歧视？

我的观点是否缺少事实依据，成为无端猜测？

我的观点中所使用的词语在听觉上是否会引发误会？

做这样一些前期准备工作，可以让你有机会去反复揣摩自己的观点在立意、语法以及修辞上是否存在硬伤。

因为大脑一旦形成某个观点，就会运用所有的信息来支持这个观点。你也会不断地自我暗示，证明这个观点的正确性，并自动屏蔽那些质疑这个观点的说法。现在是一个追求观点出位的时代，公开场合的表达、新颖的观点表述往往会给主讲人带来存在感和成就感。为了防止观点变成"手雷"，我们需要完成这一步。

第二个方法运用隐性逻辑检测案例的明线与暗线。任何场合下的表达，我们为了证明自己的观点都会使用一些案例，而选取什么样的案例有三种标准：必须说的信息、利用价值50% 的信息、可说可不说的信息。

案例选好了，接下来怎么表达呢？任何案例都会有两条线，即明线和暗线。而判断这两条线是否安全的恰恰是隐性逻辑。

在这里我举一个例子。你在做年终总结的时候，谈到自己所在的团队是一支能打硬仗、团结互助的队伍。为了证明这个观点，你需要列举案例。如何去讲述这个案例，就需要注意隐性逻辑的作用了。

比如说，小白这个 90 后的小伙子特别优秀。就在刚刚结束的一个项目中，他再一次救了整个团队。在距离给客户提交方案前的一个小时，负责人小张没有退出 U 盘，而是直接拔了 U 盘，换到另外一台电脑上后发现文件没了。就在这时，"救火员"小白这位"技术咖"出现了，用了不到 5 分钟时间就帮团队找回了文件。

你看，你原来的意图是想表达小白帮了大忙，你的暗线意图是团队遇到突发情况时，可以快速解决问题。但是，你却暴露了一个负面信息：小张日常的工作习惯不好，不懂得正确保存文件。

是什么原因导致你在举这个案例的时候，没有通盘考虑到位呢？答案是你的隐性逻辑能力。对于案例的明线和暗线，你只从一个维度去考虑了。怎么才能让隐性逻辑指导自己，在选取案例说明问题的时候不再把自己坑了呢？

首先，从人物关系、岗位权责中检测明线和暗线，先在人物关系图中走一遍，利益相关方是否在整个事例当中，是否存在对抗关系。因为在职场中，人与人之间的关系是职位、岗位的关系。一旦出现人物关系紧张的局面，就会反映在岗位冲突上。

其次，在工作场景中检测你所列举的案例是对外合作还是对内沟通，是交代整个场景，事无巨细地全部阐述，还是回避某个危险地带，在安全范围内尽情表达。这都考验说话者的智慧。比如在上面这个案例中，是把小张造成的后果细细讲来，还是着重说小白沉稳处理突发情况这一点？显然是后者。

按照上面这样层层检测下来，你选择的案例就能在表达时发挥出你所希望的效果了。

如果你对某个事例是否可以拿来使用没有确切的把握，你可以找朋友、同事帮你把控。你把案例说完后，只需要问对方一个问题：听完我说的这件事，你有什么新发现吗？

使用"发现"这个引导词，就是为了让听者越过表面的内容，透过表象说出自己观察到的信息。

还有一点需要教给你的是，在最后收尾时，把隐性逻辑显性化表达出来。任何形式和内容的表达，在收尾时通常都是为了升华某种意义，或者是为了重申某个观点。因为只有在讲话的最后，说话者可以利用"夹带私货"的方式达到自己最开始的目的。

我们还以上面的那家公司的年终总结为例。作为团队的总负责人，你报告了本年度部门承担的项目、拿到的几个大合同以及哪几位下属表现优异等，除此之外，你还有一个私心，想利用这一年仅有一次的机会，在整个发言的最后为自己争得一些"利益"。

这样的发言机会是极少的。年会，一年只有一次。俗话说，过了这村没有这店。所以，在升华意义的同时，在这样的公开场合下，要敢于表达自己的诉求。一般来说，领导很少考虑下属需要什么，领导主要的注意力是他自己需要什么。所以，很多机会是需要我们自己张嘴说出来的。

今年你可以完成 KPI 的考核，如果领导觉得给你加量特别正常，你如何争取机会给自己做减法呢？什么时候说出来最好呢？显然，公开讲话结尾的时候是最容易让人印象深刻的，所以必须利用好。

你可以这样说：

"之前的20分钟说了大家，最后1分钟留给我自己。我来公司7年了，过了所谓的'七年之痒'，可我还是在踏实地战斗。我在为公司创造价值之时，也是体现我个人价值的时候，而我的价值不仅仅是薪水，还有对于公司决策的反馈。所以，明年在制定新战略的时候，希望公司能够听取我的意见。"

最后总结一下本节内容。日常工作中需要公开讲话时，在观点、事例和结论三个关键点上，隐性逻辑的作用至关重要。首先，你可以大声说出你的观点，不要掉入偏见的深坑。其次，运用隐性逻辑检测案例的明线与暗线。别在举例这个加分环节上把自己埋没了。最后，在结尾的时候，让隐性逻辑闪亮登场吧，此刻不说就再也没有机会"夹带私货"了。

## 结构意识：结构清楚了，才能把话说明白

在任何场合，任何人说话都想把话说清楚，都想让听众听明白，这就需要表达者有结构意识，而且表达的内容需要

有结构的设计。我在教学生的时候，有这样一个理论，跟大家分享一下。

只要是说话，就要有时间限制，也就是限时表达。只要有时间限制，就要有结构意识，而只要有结构意识，就必须讲究排兵布阵。

下面我就来教大家公开讲话的时候可以用到的结构方法，把排兵布阵落实到讲话中去，让你能够有条理、有目的地说话。这些方法能让你具备结构意识，使你说话时懂得排兵布阵。

我们先来讲第一个，开场白入题，切记不能晚。通过这么多年的教学工作，我发现最普遍的问题是说话者的开场白过长，入题太晚了。

很多人认为，开始的时候怎么也得铺垫一下吧，否则别人都不知道你讲的是什么。讲话确实是需要铺垫的，但是一场 5 分钟的发言，你铺垫了两分钟，一场 20 分钟的发言，你铺垫了 5 分钟，黄花菜都凉啦！那么，如何入题才合适呢？

最好的方法其实就是从时间上来进行控制，也就是时间控制法。比如说，5 分钟的讲话，开场 30 秒就需要入题了；20 分钟的讲话，铺垫两分钟就已经足够长了。

文稿写好之后，自己先念一遍，用手机录下来。其实，录下来只有一个目的——看时长？就是看整个文稿你大概需要多长时间。看看你的开头用了多长时间。这个方法可以有效地帮助你发现自己的开场白入题到底晚不晚。

说完了开场白，主体部分的结构把控对于很多人来说有些无从下手。这"兵"怎么布置，这局如何来把控呢？

在公开讲话当中，各个部分内容之间的结构关系，就属于比较复杂的一种因果关系了。在这里，给大家介绍三种主体内容的结构方法。

## 第一种：时间顺序法

主体的内容按照时间的顺序来布局，这是实现起来最容易的方法。

比如说我们做项目、见客户，任何工作其实都可以用一张 A4 纸来做一个时间的排序。选取最具有节点性质的三四个时间节点，你的主体内容的结构其实就已经出来了。

举个例子，某个项目的推进有三个时间点最为关键。2017 年 12 月 1 日，这是一个登山的日子。2018 年 3 月 12 日，这是一个翻山的日子。2018 年 6 月 20 日，这是一个回头看山的日子。

大家发现了吗？通过 2017 年 12 月 1 日、2018 年 3 月 12 日和 2018 年 6 月 20 日这三个时间节点来说一些事情，那这三个时间节点，就是你在推进整个项目过程中的重要节点。

在那么多的繁杂事情里，你挑出来具有转折性质的一些时间节点，这么一看是不是结构上非常清楚？

其实使用起来最简单的就是时间顺序法。你是否注意到，在这个时间的后面，其实还加了一句话，这句话使时间节点起到了定性的作用。

什么话呢？这是一个登山的日子，这是一个翻山的日子，这是一个回头看山的日子。那么，这三句话在时间顺序法的基础之上巧妙地使用了什么呢？答案是衡量定性法。

## 第二种：衡量定性法

衡量定性法主要是把自己所要阐述的事情或者问题做一种相对形象生动又比较严谨的表述。

从句子结构上来说，最好采用相同的句式表达，这样听起来会比较有力量，更为重要的是，这样可以让观众更容易理解你的意思。

美国总统特朗普在竞选的时候，曾带上自己的儿子埃里克和女儿伊万卡一起演讲。他的儿子埃里克的一次演讲极具张力，肢体的语言非常丰富，同时他演讲的内容也是气势逼人。在他的演讲进行到中途时，他曾一口气连说了五个"我不能忍受"来痛诉当时美国社会的种种弊端。这五个"我不能忍受"，从听觉上就能感受到它的力量感有多强。

这么来看，衡量定性法其实就是通过重复的句式，把自己所要表达的内容进行形象生动的表达，给观众在听觉上制造明晰的存在感和结构感。

说完了时间的顺序法和衡量定性法，再介绍一个我在教学当中经常让学生使用，而且比较灵光的方法。

### 第三种：先抑后扬法

很多人在做演讲时都愿意使用这个方法，因为它的戏剧性效果会更好。学生用过这个方法之后，对于稿件的结构意识，特别是排兵布阵的感触格外深刻。

那么，"先抑后扬法"是怎样的呢？简单来说，就是前边悲催后边喜悦，采用先哭后笑的一个布局策略。

先抑后扬法其实就是利用了反转，使得语言表达出现一个戏剧性的转折，这种效果是通过结构设计来达到的。

与刚才的时间顺序法和衡量定性法截然不同的是，先抑后扬法分为两大块，一块是用来不断地制造悲催情绪，而另一块就是来制造喜悦情绪。

要想制造悲催的情绪，正确的方法就是选择一个悲催的案例。这个案例传递的不仅仅是信息，更重要的是态度与情绪。

一条条信息、一个个案例排列在一起，只有一个目的，即一层一层地制造悲催的情绪。

这几个信息也好，案例也罢，它们之间可不是并列关系，它们之间一定是递进的关系。我的学生冉高鸣在参加《我是演说家》的时候，他有一个演讲是最为典型的，叫《"减"出精彩》，使用了"先抑后扬"这样一个结构策略。

在前边的"悲催"部分，他说，作为播音系的学生，体重 200 斤实在是吓死人了。在整个演讲的前半部分，他就把自己作为胖子的日常生活讲述得非常生动有趣，比如说他胖得几乎迈不开腿，看不见脚尖，于是他开始节食，后来他又讲自己节食的困难、运动的艰难等。前面这种悲催的生活，让你在嬉笑怒骂之间感觉到他实在是好悲催。

后面"扬"的部分就是他的减肥部分。接下来，他把整个减肥的过程描述得非常详细。当然，从压抑到昂扬，需要一个转折点。对于这个转折点，冉高鸣就用了一句特别好玩的话，他说："小样，我弄死你呀！"从这开始，他整个演讲从之前的欢脱状态开始进入到一个深层次的表达当中去了。

其实，任何"先抑后扬"的演讲或者是公开讲话，都需要一个暂停键。这个暂停键就像一个"分割线"，它的目的是什么呢？是转换一下情绪。分割线意味着剧情开始反转，前面说的含有"悲催情绪"的内容在后边就要变成含有"喜悦情绪"的内容了。

事实上，不是所有的表达在后半段都是"喜悦情绪"，有时候也可以是一些深刻的思考。像上面举的冉高鸣的例子，他演讲的后半段其实就是他的一些深刻思考了。他从自己减肥成功这件事情当中，把关于自控力的思考一层一层地揭示出来，这就是他想要跟大家分享的主要内容。观众可以很清楚地看到他的叙述结构：前面讲的是趣事，后面讲的是深刻的思考。前面"抑"的是他悲催的减肥生活，后面"扬"的是他深刻的社会分享价值。

我们来总结一下构建主体内容的三种方法，即时间顺序法、衡量定性法和先抑后扬法。我们在平时讲话的时候，可以有意识地运用这些方法，这样就能一点一点地形成结构意识，将话语逻辑清晰地表达出来。

当然，所有漂亮的表达都要有一个好的结尾，这是至关重要的。任何表达最忌讳的就是没有结尾。我们在写稿子时通常不会忘记写结尾，但是在说话时经常会忘记将结尾表达出来。所以，在说话时，一定要让听众从听觉上感觉到结尾这个结构。

继续以冉高鸣的这篇演讲为例，如果他的结尾是这么说的："今天我已经摆脱掉了肥胖的躯壳，减掉了70多斤的肉，我收紧的不仅仅是我的'三围'，更是我曾经失控的心。"

你是不是会觉得这句话没有表达完整？是的。那真正有结尾的表达应该是什么样的呢？我们再来看下面这句："我收紧的不仅仅是我的'三围'，还有我那曾经失控的心。我也懂得只有自控才能控制体重，拥有自控力才能控制人生。"所以，在结尾时一定要做到逻辑清楚、表达完整，好的结尾才能让结构更完美。

在说话和表达时，我们一定要树立结构意识，也就是排兵布阵的意识。我在辅导学生做演讲的时候，最重要的授课内容之一就是培养学生的结构意识。有了这种结构意识，学生们就可以做自己表达内容的检验官了。在开场白部分，可以用时间顺序法来把控，用字数来控制，中间的主体部分可以用以下三种方法：时间顺序法、衡量定性法和先抑后扬法。时间顺序法的要点是要挑选有节点意义的重要内容，衡量定性法的要点就是在句式上做文章，而先抑后扬法主要是两大块，每一块都要用信息把情绪做足。最后就是要说好结尾，表达出有结尾感的结尾。

## 信息预判：听好才能说好，让耳朵为嘴巴打前站

职场中有说就有听，听、说不分家。一个表达能力强的人，在听这方面的能力通常来说也差不了。开会的时候即兴发言，把在自己之前发言的同事的内容做一个小总结，然后再加入自己的意见，是最聪明的做法。

事实上，对于职场表达，说只是能力的部分展现，想要说得好，听更为重要。特别是在我们播音专业的表述当中有这么一句话，主持人最重要的能力不仅仅是提问，更重要的是倾听，所以还有人专门研究倾听的艺术。

那么，把播音专业中跟倾听有关系的内容放在职场里怎么用呢？下面我就来和大家说说信息预判的三个原则和四个步骤，让你还没开口，就已经底气十足了。

信息预判是指我们在与他人进行沟通和交流的时候，基于对方已经表述出来的内容，对说话人接下来将要表达的内容做出事前的判断和预测。信息预判的目的，就是为了提高听者获取信息的质量，使得我们在职场上的沟通更加高效。

信息预判之前，也就是说话和听别人表达之前，以下三个原则必须遵守。

第一，注意力回归；

第二，注意力集中；

第三，注意力持久。

你会发现这三个原则都跟注意力有关。为什么呢？

大家都知道现在是一个注意力碎片化的时代，我们经常会发现，自己无论做什么事，效率都比 10 年前低多了。写文案的时候，一不注意就会拿起手机看微信、微博，神不知鬼不觉地就去逛淘宝了，相信这样的情形大家都遇到过。

所以说，注意力的回归、集中和持久是听之前最需要解决的问题，也是最重要的一个前提。可以这么说，注意力不集中，听了也白听。

那么，信息预判需要哪些步骤呢？这些步骤对于获取信息到底有哪些好处呢？我们把训练记者、主持人的方法借鉴过来，帮助你准确高效地来听辨关键的信息。

加拿大科学研究会总结出来一种科学的听辨方法，就是"TQLR"方法，可以翻译为调频、提问、聆听和复现。

下面我们来说第一个步骤——调频。关于调频，你需要注意两件事：一个是注意力，一个是知识储备。就像看电视的时候调换频道一样，我们从央视一套调到央视新闻频道，调注意力也是如此，你需要把注意力从你之前正在干的那件事，转向此时此刻正坐在你面前这位张嘴说话的人身上。

　　调完注意力还不够，你还需要把自己脑子里储存的那些知识调出来，将和面前这个人同你讲的这些事情有关的知识、见闻都唤醒，让自己的大脑思考的内容从之前的事情迅速切换到对方同你讲的这件事上来。

　　比如，公司即将推出新年大礼包，需要准备一个策划案，对方正在就此事同你展开讨论，那么此时，关于新年宣传推广的亮点、大礼包的卖点、文案的人格化表达等，这些与之相关联的记忆就需要在你的脑海里启动了。其实，信息预判更多的是听者自我意识的控制与把握，听者想要更多地获取对方有效的信息，自己必须处于自驱状态。调频相当于冬天开车出门前，先把车预热一下。

　　说完了调频，进入到第二个步骤——提问。这个提问可不是你去跟对方张嘴提问题，而是在心里问自己。这是一个沉默的自问过程。

　　当你开始听对方张嘴说第一句话的时候，你就要开启自问模式了。还以上面的新年大礼包为例，他为什么选择 12 月 28 日开始宣传推广？这个大礼包的搭配为什么这么设计？从来不请艺人做新年的宣传活动，这次为什么要请呢？

　　可能以前的你在与人沟通的时候，没有做过任何准备工作，大脑和神经处于休眠状态。这时你在听别人说话的时候，你的大脑是麻木的，对于听的内容不会像上面说的那样主动积极地去分析。读完这节内容，你就会明白，在对方说话的时候，同步做出思考是在职场沟通当中一个非常重要的思维习惯。如果没有长期主动的思考，你自身最明显的感受是什么？反应慢，人家一说什么，你只会点头附和，或者支支吾吾地说是这么回事。

而自我提问这个环节，就是听者将自己从被动的状态调整为主动的状态，主动去理解对方讲述的内容，主动把自己带入到对方的内容通道中去。

说完了调频和提问，接下来我们讲第三个步骤，也是最核心的步骤——聆听。在这个步骤中，你需要遵循这样一个信息抓取的流程：听清意思—记好核心—合理联想。听清意思就是说要做到一次听清楚对方的话。记好核心是指边听边记录，把对方讲话中的核心信息速记下来。合理联想是基于对方所说的这些内容，推测对方接下来想要表述的内容。

我们在培养主持人的专访能力，也就是采访能力的时候，要求主持人事先准备很多的问题。但是这些问题永远都不如这个主持人跟采访对象沟通交流的时候，从对方已经讲的内容里边产生新的问题，我们专业上称之为追问。

中央电视台的著名节目主持人水均益老师，是国内做国际新闻的"大咖"，采访过很多国家的元首，还有其他国家的很多政府要员。水均益老师最厉害的地方是什么呢？当对方在回答自己提出的问题时，能不断发现新的亮点，捕捉到新的信息点，在此基础上再次进行提问，进而获取更多的信息。这就是一个非常优秀的节目主持人应该具备的能力，也是我们作为专业的老师，去判定一个主持人能力强弱的非常重要的评价点。

中央电视台的另一位知名节目主持人文静老师，也是一位"追问"高手。大家都知道，一旦发生突发事件的时候，她经常在演播室与出镜记者、新闻事件的当事人、政府职能部门相关人士进行直播连线。在不了解对方的表达能力和对方具体情况的时候就跟对方进行连线，对于主持人来说是最难的，但是她每次都能非常完美地完成这样的直播报道。这一切就归功于她出色的聆听能力和主持功底。

其实，聆听是实现信息预判最关键的一个环节。对方说话的时候信息的暗示和听者的解读能力都会影响到信息预判的质量。

信息预判有以下三种类型。

第一种是浅层型的信息预判。比如，有人在发言时说："今天这个讨论会我们主要有三个议程。"从对方的表达中，我们可以看出，对方已经将信息"三个议程"告诉我们了，意思是会议由三部分组成。当然，这是最简单的，也是最好掌握的一种信息预判。

第二种是联想型的信息预判。对方表述的内容，你需要进行消化、吸收后分析出问题的实质，从而判断出对方的真实想法。其实，不是所有的信息都是对方在明面上跟你说出来的，就好像数学题一样，题干给你了，但换算的过程是需要你自己来完成的。比如说，产品开发人员向你介绍公司最新的一款智能熨斗，你听到"智能"这两个字，脑子里是不是需要快速做出反应：它能自动识别衣料的材质吗？它能根据不同的衣料材质选择熨烫的温度吗？这就是你基于对方给出的关键词或者关键性信息，迅速做出的一个预判。

第三种是深度型的信息预判。这是信息预判当中最难达到的级别了，它需要以个人掌握的业务知识、快速的思维反应、准确的信息判断作为依托，才能达到这样的高度。比如前一阵，备受关注的事件就是"科学狂人"贺建奎的基因编辑婴儿的新闻事件。相信大家在关注相关新闻的时候，对于理解新闻内容本身就是很费劲的。但对于那些专业人士来说，他们在最初看到贺建奎接受外媒采访说的话时，一定是不断地对他所阐述的内容做信息预判的，比如：他是怎么研究的？他这种研究是基于什么原因？他将会对人类的基因发展有什么影响？

可以这么说，只要对方开口说话，你的脑子就不能闲着，从你所有已知的相关知识范畴中抓取与他讲的内容有关的内容储备，然后不断进行信息的核实与筛选，同步完成信息的更新、分析与迭代。你需要注意说话人使用了什么形容词、副词和名词，是正面的、积极的多，还是负面的、消极的多。

最后我们来讲一下第四个步骤——复现。通过调频、提问和聆听，你就完成了一套听的动作，这时候你就需要把听到的内容进行组合加工和品评判断了。

通常来说，这是对方表达之后，你将他之前讲过的内容捋顺一下。复现不是为信息预判服务的，但是作为交流和沟通的最后一步，复现是听者自己需要走完的一个流程。把听到的内容在自己的内心做一下沉淀，可以把对方表述的意思做一下深度的思考。因为之前的三个步骤都是提前或同步完成的，只有复现是你事后的一个总结。这样长期坚持下来，你就会提高与人沟通时信息的处理和预判能力了。

信息预判将人在交流中听的能力最大化地使用起来，在对方说话的时候，听者要跟得上，也要跟得住。在职场上，如果你自觉地使用这些方法，就可以有效地提升听的价值，做到听得清，记得住，理解准，反应快。

总结一下这节的内容。信息预判是为了提高听者对于信息获取的质量，提高自己的职场沟通能力。在听之前，你需要遵循注意力的三原则，然后就进入了"TQLR"的四个步骤——调频、提问、聆听和复现。在聆听这个步骤里，要学

会浅层型的信息预判、联想型的信息预判以及深层性的信息
预判这三种信息预判方法。

## 身体语言：你的肢体动作就是你的核心表现力

大家可能会说，说话不是用嘴巴吗，怎么身体也会说话？
说得没错，身体也会说话。据专家估计，人类近75%的信息
是通过非语言符号来传播的。在日常生活中，我们会经常运
用一些肢体语言来传情达意。

那么，什么是肢体语言呢？简单来说，肢体语言就是指
人的面部表情、身体姿势、肢体动作和体位变化。比如我们
去银行办事，工作人员一边说话一边告诉我们如何使用一些
自助设备。如果工作人员嘴巴里介绍着，但是眼皮都不抬，
使劲敲打着设备的屏幕，一副爱搭不理的样子，你心里一定
不高兴，因为你感受到了他的态度，而传递态度的是他的肢
体语言。

那么，在职场上公开讲话的时候，肢体语言怎么使用才
是正确的呢？我以公开讲话的这个场景作为切入点，从手势、
身姿、眼神和步伐四方面，帮你克服公开讲话的"晾晒感"，

教你聪明地使用肢体语言，学会用身体来做演讲。

首先，你要克服孤立感。一般来说，公开讲话都是站着说话，你会孤零零地站在台上，或者是独自站在稍微远离大家的地方。这时候，你整个人都暴露在外面了，你会发现此时感觉很不舒服。被很多人盯着看，你一定会不知所措，在肢体上就会表现得很不自然。与专业主持人不同的是，普通人在大众面前露脸的机会不多，更不要说大场合了。事实上，所有的人在公众面前行为举止想要得体，都需要经历从不自然到落落大方这个过程。

我们播音专业的同学经常去参加主持人大赛，我也经常跟自己的学生说，专业提升是参加大赛的最终目的。但在人才培养上，我还希望大家能够在大赛当中完成两个目标。一个是心理素质的提升，就是练胆，胆大才能不惧怕任何场合的演讲；另一个就是练习在大场合的肢体表现能力，让自己的肢体动作从僵硬逐渐开始变得自然，最后到游刃有余。

对于普通人来说，如何解决这个问题呢？妙招有两个，一是争取在人多的时候多说话，硬着头皮你都得上，越是心里害怕越需要去做。其实很多事情你不去做，原因就是你总是把那个后果想象得特别严重，你在心理上过度恐惧。很多人都会这样，因为我的学生也会这样，每当这个时候我都会跟他们说，战胜恐惧只有一种方法，那就是去做。妙招二，在人前讲话的时候一定要录制下来，回来自己复盘，也可以找身边表达能力强的朋友帮忙瞧一瞧你的肢体动作自然不自然。

其次，要学会肢体表达法。如果想用身体为自己的公开讲话助力，你要做到这四点：手势要用好，身姿要挺拔，眼神要坚定，踱步有讲究。练好这四方面的肢体表达，你的肢体语言的表现力就能得到提升。

### 第一点，手势要用好

生活中，我们说话的时候一定会用到手势。我在录制课程的时候，虽然前面没有人，但当我在讲这些内容的时候，我也会使用手势。这些行为手势的作用是什么呢？为了配合我们所要说的话。在台上讲话，在众人面前说话，这些手势到底怎么用呢？核心方法是大胆出，幅度大，不分心。

我曾经辅导过一位汽车行业的老板，他的公司在北京国际车展上要向全球首发三款新车，需要我的帮助。我需要为这位老板设计一个肢体语言，比如他走出来之后应该站在车的前部，是左前车门还是右后门？手搭在车门上还是其他什么地方？在我辅导之前，他的动作幅度比较小，在展示中，整个人都显得比较局促，不够落落大方。于是我上台给他做了几个示范的动作，其中最核心的方法就是要大胆出手，而且动作幅度要大。

为什么动作幅度要大呢？日常生活中，我们与人说话的时候都是近距离的，无论是出手的速度还是动作的幅度，都比较小。有些动作甚至还可以用其他的肢体行为来代替，比如你召唤一个人过来，你可以用手召唤他，也可以用眼神召唤他。在公开场合的表达中，如果还用生活当中的手势就显得极其不适合。因为在大场合，你和观众或者听众之间有一定的距离，如果你的动作幅度小，观众是看不见的，那个手势就好像黏在了你的身上，根本就发挥不出作用，所以手势的幅度要大一些。

还有一点非常重要，其实手势不能分散观众对你所讲内容的注意力，你讲的内容是核心，手势是辅助。如果你的手势过多又凌乱的话，对方就会只看你的手势和肢体动作，而不会去听你嘴里到底在说什么了。所以，不要因为是在舞台上讲话就使劲挥手，更不要把手自动拧在一起做麻花状。其实，越是在意自己的手怎么用，你的手就不是你的手了。

**第二点，身姿要挺拔**

生活中，有的人走路容易驼背，有的女孩子走路容易松胯，还有的人站在那儿，就会让你感觉他马上要塌掉。身姿不直的人站在众人面前，还没张嘴说话，形象就已经输掉一大半了。我记得有一次，在短训班上有个小伙子来上课，坐在那儿的时候，整个人就比较塌。那时候我就提醒他坐好，他还有点不以为然。到了上镜课的时候，我让他按照自己最初的设计讲 5 分钟，演示结束之后，我把他叫过来在显示器里看回放，刚看不到 30 秒，他就大声喊起来"怎么会这样！"他站在那里演示的时候整个人的姿态像一个括号。所以，要知道自己什么样的体态是在讲台上最好的，你要有一个肌肉记忆。

除了要找到身体最好的状态之外，更重要的是要一直保持这个状态。如果平时养成了不正确的站姿习惯，正确的站姿一定会让你不舒服，你一定会觉得好累，站着站着你就又回到自己的舒适区去了。你要知道正确的站姿是什么样的，而且要能够长时间保持，这个很重要。

### 第三点，眼神要坚定

不知道大家有没有注意到，播音员、主持人的眼睛都很有戏，可以说，他们的眼睛会说话。在镜头前、话筒前，他们的眼神都很有力。一位主持人如果眼神不会传情，那他的传播力就失去了一大半。

　　我的好朋友、央视的新闻主播文静在播报新闻的时候会
让观众觉得她的大眼睛也在播报信息，其实这就是眼神的力
量，无论是愤怒、喜悦还是思考，你都可以从她的眼睛里解
读出来。练习眼神最重要的是，要表现出一个笃定的神情。
公开讲话的时候，你说的都是实打实的事，如果你眼神飘离、
飘忽不定，谁会相信你说的是真的呢？

　　那么，怎么来练习眼神呢？用镜子来练习，在镜子中看
自己，要睁眼睛看，而不要瞪眼睛看。瞪眼睛看容易眼神过
度表达，会给人一种你在表演的感觉。对于一般人来说，眼
神到底该如何演示才好呢？这时候，你需要一些心法，需要
在内心给自己一个作用力，给自己一个具体的意念。其实，
真实的情感是眼神最好的源泉，如果你心里有特别想跟交流
对象说的话，通常来说，这时候的眼神一定是到位的。


**第四点，踱步要洒脱**


　　自从乔布斯在苹果新品发布会上开创了踱步演讲之后，
很多人也开始效仿。有的老板事先排演好了，结果上台之后
你会感觉到他像是一个 AI 机器人在走路。还有的人一只手揣
在牛仔裤兜里，在舞台上来回晃悠，给人一种闲庭漫步的感觉。
这些都不是正确的踱步方式。舞台上的公开讲话，一定要找

好定位，你是以舞台左侧为主还是以舞台右侧为主，最好不要来回溜达，而是要有一个核心区，这个是要明确的。一般来说，一开始打招呼最好在舞台的中央，开始播放 PPT 的时候，你需要站在舞台的一侧。

至于如何踱步，这要看你的 PPT 内容了。因为你在舞台上来回走，你是一个动态元素，PPT 是一个静态元素，观众的注意力会自然地跟着动态元素走。如果 PPT 展示的是你要讲的很重要的内容，此时你在核心区来回溜达，就会妨碍观众看清楚你的 PPT。如果 PPT 展示的内容属于背景性质的，比如说一张大照片（一张人物照、一家公司的大楼照，或者一张场景照），这张大照片其实是没有特别重要的意义的，这时候你就可以把 PPT 作为背景来使用，你去核心区走动也就没有关系了。

在演讲时，你要一边说话一边加动作，说和做都要做好，这时，说话人的注意力分配就很重要。对于一般人来说，要想在公开讲话中让自己的肢体动作更洒脱一些，就必须照着镜子录制视频来练习，否则就只能是纸上谈兵了。

俗话说"站有站相，坐有坐相"。舞台上的模特想要走出好看的猫步，需要每天练习很多遍。同理，在众人面前想要落落大方，就需要长期坚持不懈地练习。如果可以录制的话，多请你的同事、朋友帮忙拍摄，你最少需要练习 20 遍来训练自己上台下台以及公开讲话时的肢体动作。

还有一点需要提醒大家的是，排练预演只是为了熟悉动作，切忌僵化，肢体动作需要灵活。如果你想把自己的手势演练成为一个程式化的舞蹈动作，那就太机械、太僵化了，效果一定会大打折扣。演练的目的是不生疏，千万不可将你的动作机械化地演出来。

最后，总结一下本节的内容。在公开场合讲话时，首先，在心理上要克服孤独感和"晾晒感"。其次，注意运用四种肢体表达法：手势要用好，身姿要挺拔，眼神要坚定，踱步有讲究。这四方面的肢体表现力很重要。

## 用声技巧：
## 扎实的实声是灵魂，好声音带来好气场

在演讲中，如何才能不费力气地大声说话呢？说话需要用声技巧吗？当然，不会用声说话的人说话时间长了，嗓子就会哑，特别是在比较嘈杂的环境下大声说话，不一会儿嗓子就会冒烟了，严重的甚至会失声。

演讲的时候，讲话者和听众之间是相隔一段距离的。如

果不懂得用声技巧的话，扯着嗓子跟人说话，别人听不清楚，你自个儿还累得要命。你一定会说，那些专业的播音员、主持人往那儿一坐，一播播好久，他们的嗓子怎么就不累呢？并不是他们天生嗓子好，而是因为他们懂得用声技巧。有很多专业的播音员在学习播音的初期，也会有用嗓不当的时候，有的人还会因此产生一些小小的病症。只有当他们懂得了科学的用声方法，才能让自己的嗓子更耐用。

那么，主持人是如何练就金嗓子的呢？如何在演讲前测试声音呢？如何用绕口令来提升你的临场状态呢？改善声音表现的自我练习方法有哪些？有这样一些方法能让你不费力气就可以清楚、大方地讲话。

首先，你可以做一个声音测试。

合适的音量是测试出来的。职场上的公开表达需要的音量大于你日常说话的音量。如果你在公开场合做演讲，想要知道自己到底用什么音量比较合适，条件允许的情况下，可以去会场做一下声音的测试。测试分两种情况，一种是在没有麦克风的情况下进行测试，一种是在有麦克风的情况下进行声音的测试。

在没有麦克风的情况下，你站在发言区进行发言，可以先按你的想法调节到合适的音量来说话，让你的同事站在离你最远的地方来听一下。比如当你在会议室说话时，可以让对方站在最后一排或者是你的对角那端来听。而且，你需要站在那里先说上两三分钟，帮助自己完成生理上的记忆。

在有麦克风的情况下，你需要拿着麦克风用演讲时的音量来说话，测试哪种音量能够让听众听到。其次，你还要注意测试一下你说话时吐字是否清楚。平时我们讲话时不太注意吐字的清晰度，但在公开场合讲话的时候，你的嘴巴不能懒，你需要做到吐字清楚，让别人听清你说的话。另外，需要注意的是，当你大声说话的时候，呼出的气会扑话筒。也就是说，在说话前，你需要先测试一下话筒的灵敏度，特别是在使用一些专业话筒时更要注意事先测试，防止讲话时话筒发出刺啦刺啦的声音。

声音测试最主要的目的是什么呢？以你最合适的声音在会场上讲话。切记，声音不是越大越好，过大的声音会让听众无法舒适地听下去，容易产生烦躁的心理。声音太小了也不行，太小听众就无法听清楚，这时候你所讲的所有好内容就全部白讲了。

接下来，你可以采用绕口令的方法。

公开讲话的时候，需要你在比较短的时间内说出很多字来，对于一般人来说，说话量会有点大。学过播音的人都知道，通常来说，新闻播报时，主持人一分钟大概要说 280 个字，有的语速比较快的播音员能说 320 个字。新闻播报是播音专业学生的一个基本功，他们每天都要上嘴来练习。专业播音员在上节目之前都会先来一小段绕口令，帮助自己的嘴巴快速运动起来。

我有一个好朋友，他原来是做出镜记者的，现在在做播音员。做出镜记者时，他每天的说话量可能就是做报道的那几分钟所讲的话加上日常生活中所说的话。但是播音员就不一样了，播音员要咬字清楚，表达要准确，所以我就跟他说，你需要多练习，你需要具备拿来稿子就能读的这种由字到声快速转换的能力。

我也经常会给学生做一些这种练声的训练。在我们这个圈子里有这样一则佳话。故事的主人公就是我的大师姐、央视著名节目主持人李修平老师。她曾经 17 分钟播报了一个大时政的新闻，并且做到了零差错。当时，她播报时所用的是一沓 36 页的 A4 纸，这些纸不是全打满的，而是按照播报的时候采用的 9 到 11 个字的播出稿。当时她大概只看了 12 页，有 24 页是没有看就播读的，在没有看的情况下她还能播读，而且一个字都没有错，大家可以想象她的基本功有多么扎实。在节目直播前，很多播音员都需要让自己的口腔活动起来，以应付接下来短时间内很大的说话量。

"八百标兵奔北坡，炮兵并排北边跑，炮兵怕把标兵碰，标兵怕碰炮兵炮……"这是大家非常熟悉的一段绕口令，在节目直播前，用这个绕口令练声的好处是什么呢？它可以让你唇部中间的力量加强，这样你的口腔已经被提前预热了，接下来再说话就好听很多。

最后，通过自我练习，把声音扎实地送出去。

平时说话时，我们用较小的音量讲话就可以了，不大考虑声音是否能送出去。但是在演讲的时候，声音送出去这一点很重要。因为声音送不出去，信息就送不出去，你就白讲了。想要关键时候亮剑，平时还需要多磨炼基本功。练声是学习播音专业的人的一个必修课，对于普通人来说，有哪些方法是可以借鉴的呢？

首先，你要保证说出来的声音是实声，是大家能听到的实实在在的声音。在职场日常沟通当中，这种稳健的声音是最需要的，会给人一种具有可信度的感觉。所以，在职场上你需要建立这样一种实声的意识。日常生活中，只要张嘴说话就用实声，让它成为一种习惯。

其次，声音要送出去，不是喊出去。喊出去的声音，听上去很尖锐、刺耳、粗糙。职场中的重要场合，需要你加大音量，但要注意的是，加大音量不是大声地喊，不是加强音高，而是让你的声音向低宽处发展。平时练习的时候，起音要柔和一点，不要一上来说话就像开炮一样，让人感觉很嘈杂。

再次，不要拖腔甩调地说话。上小学的时候，语文老师经常让我们一起大声地朗读课文，那可真是拖腔甩调地喊着出来。这种拖腔拖调，是让人比较反感的。

最后，声音出来不能是闷的。这是一种什么样的声音感受呢？就是只见人张嘴说话，却听不清楚他到底在说什么。这种情况用我们的专业术语来说就是"声包字"，意思是说，听上去就像身边有个大音箱，但听不清楚他讲的是什么。

想要声音好听，扎实的实声是灵魂，想要声音有灵魂，漂亮的实声是关键。


# 信息推演：
## 判断一个人语言表达能力的试金石


我们脑海中抽象的逻辑推理，可以通过说话让其他人知道，帮助我们完成与别人的沟通与交流。比如说周一中午，你跟同事在一起边吃午饭边聊天，你向同事"安利"周末刚刚看过的一部好电影。关于这个电影的剧情，你需要向同事进行详细的说明，这个具体说明的过程就是信息推演。

在前面的结构意识这一节中，向大家介绍了一篇公开讲话的演讲稿中段落是如何布局的。就像盖房子一样，是盖独栋别墅，还是南北通透的板楼，需要设计师在图纸上做个图样。信息推演则是指瓦匠工人按照一定的逻辑，把一块块的砖一层层垒起来的过程。是从下往上垒，还是从左往右垒，是先垒周围再到核心，还是先把核心垒起来，再去垒周围？这就是信息推演所要探究的问题。信息推演是按照某种推演的方法表达思想的语言过程。

学会信息推演的方法，可以帮助你解决讲话最核心的问题——内容，从而叫你站稳职场表达最坚固的阵地。信息推演的方法主要有三种。

## 第一种：思维导图推演法

我在教学生如何把一个信息点说明白的时候，经常使用的方法就是思维导图。这是为了让他们在面对一条新闻或一个话题的时候，可以不拘一格想问题，多元化思考，建立多条思维路径，而不是以某个标准或者尺度去想，那样只会妨碍自己的思考。

思维导图推演法是一种把前期的思考作为最终表达的信息推演法，通过一次又一次的演绎和推理，把自己的思考过程借助思维导图展示出来。比如说，某家公司在下一年度要推出一个新产品，围绕新产品需要做一些有创意的东西。这时就需要你具备一种非常开放的思维，把与新产品相关的核心词写下来，然后围绕核心词展开发散性的思维。比如说，这款新产品是智能熨斗，你的创意就要多围绕"智能"二字展开，进行创意联想。

这些通过思维导图想出来的信息点，没有什么逻辑性，都是一些零散的东西。那么，如何把这些信息按照一定的脉络串联起来呢？合理的推演路径来自生活常识、行业规律和专业认知这三点。当然很多极具创意的一些表述，还在于你的创新思维和巧妙的嫁接。利用思维导图把信息点按照你的创意排好队，然后一遍又一遍地进行绘制。

### 第二种：概念讲解推演法

职场中，新想法、新概念、新名词比较多，怎么向他人来解释介绍，从而让听众通过你的信息推演，按照你预想的思维通道来理解这个新概念呢？有一个方法，就是概念名词加上应用场景，再加上学术解释。

从研发角度来解释一个概念通常是这样的。比如要解释"人工智能"这个概念，一些技术"大咖"经常会这么发言：人工智能的英文缩写为 AI，亦称智械、机器智能，指由人制造出来的机器所表现出来的智能。通常人工智能是指通过普通计算机程序来呈现人类智能的技术。

这是一般人在解释概念时所采取的方法，他们在说完这个名词之后就直接进入到对概念的学术解释上。这就相当于你在用一个专业术语去解释另外一个专业术语，非专业人士根本听不明白这是怎么回事，而这段信息推演也就没能发挥其作用了。

那么，怎么说才可以让听众很好地理解你所讲的新名词、新概念、新方法呢？你就要结合应用场景来解释这个概念。比如说要解释"移动支付"这个概念，你可以先还原一下生活当中的这个场景，你可以说，以前我们到菜市场买菜的时候必须带零钱，一棵大白菜 3.6 元，四个小辣椒 1.8 元，每走到一个摊位就要拿钱包找零钱，真是好麻烦。微信和支付宝的移动支付功能就可以解决找零钱这个麻烦事，你拿出手机一扫，你和摊主之间不需要使用现金就可以完成买菜的交易过程了。所以说，移动支付就是用户仅仅使用其移动端设备，比如说手机，就能对所消费的商品或者服务进行账务支付的一种便捷支付方式。

在上面这段话中，你可以看出，我并没有用那些专业术语来解释"移动支付"这个概念，而是先把"移动支付"这个概念拎出来，从日常生活入手，讲菜市场买菜需要带钱包找零钱这件事。说完了这个应用场景之后，我再引入学术解释，这样听起来是不是就要比刚才那个"人工智能"的解释要清楚很多？

### 第三种：追尾表述推演法

说起追尾，你一定会联想到交通事故当中的后车追尾，没错，我会利用这个生活场景来解释接下来要介绍的信息推演方法。具体来说，就是在进行信息推演的过程中，关键词汇的接龙式表达。

比如说在线选座这件事，以前我们想去看电影的话，需要在报纸上看看哪天几点钟有什么电影上映，或者临时去碰碰运气，看看是否正好有喜欢的电影开演，然后去买票来看，这种看电影的方法实在是很不方便吧。为了解决这种不方便，一些支付平台把影院的资源通过技术聚合起来，这样的聚合带给消费者的便利就是，你只需要一部手机就可以足不出户买好电影票了。

上面这一段信息推演就是典型的追尾表述推演法，是什么意思呢？前面我说的是以前电影票买起来如何不方便，后面介绍现在如何变得方便，这种方法就是后一句话的开头表述，咬住前一句的最后表述。当然，这样的表述承接通常来说衔接三四段就可以了，否则听众就会觉得没完没了。

总结一下本节内容。信息推演方法一共有三种。第一种是思维导图推演法，利用开放性思维，把思考的过程用思维导图绘制出来。第二种是概念讲解推演法，通常的做法是概念名词加应用场景，再加学术解释。第三种是追尾表述推演法，将关键词、关键表述接龙式表达出来。

## 语言箭头：让听众快速理解话语的参照物

在演讲汇报的时候，你可能遇到过这样的问题，有的内容明明讲过了，PPT上也做了标注，听者还是会反复提问已经讲过的内容。这时候你就需要使用语言箭头，它会引导听众跟着主讲人使用的箭头主动去寻找信息点，由被动地听信息转为主动地去看信息。

那么，语言箭头到底指的是什么呢？语言箭头是指主讲人利用PPT、图片、视频、实物等视觉辅助手段做演讲的时候，为了帮助观众快速准确地找到视觉辅助手段中主讲人希望观众关注的信息点所使用的语言表达技巧。

我将从方位方向、颜色线条和坐标对照这三类使用语言箭头的方法入手，教你如何让观众看见你PPT上的重点信息。

## 第一种：方位方向法

比如说你的 PPT 上下左右分别有四组数据图，介绍公司 2018 年四个季度的销售情况。一般来说，你在播放这一页 PPT 后，就开始介绍这个季度的销售情况了。当你想重点介绍第二季度中 6 月份的销售情况时，你只是把情况进行了口头上的说明，但是观众是否会跟着你的讲解主动去看 6 月份的数据图呢？你完全不能控制。这时候你的介绍和观众的注意力事实上存在一个脱离关系，那么你就需要使用语言箭头中的方位方向法了。

我们把 PPT 打成一个十字格，四个季度的数据分别放在四个空格里，可以这样讲解：

这张 PPT 是这款产品在 2018 年的销售情况，请大家看 PPT 左下角的这个数据，这是第二季度 4、5、6 三个月的销售情况。特别值得注意的是 6 月份，销售情况进入到了新阶段。

你是不是一下子就明白了？我所指的方向方位法就是这句话——PPT 的左下角。

我们还可以根据自己所使用的不同视觉辅助手段，灵活地使用语言箭头，比如说，请大家看画面的右上方、海报的左上角等。其实主讲人通过语言箭头这样的表达技巧，把自己的有声语言表达变成了一个无形的箭头，让这个无形的箭头带着观众的眼睛抵达主讲人想让他们看到的那个信息点，观众就能更好地理解主讲人所说的意思了。

### 第二种：颜色线条法

很多公司都会找专门的制作人员打造极具视觉冲击力的PPT。这些精心的设计，一方面可以提升主讲人的表达欲望，同时也可以利用优质的视觉元素，为主讲人的信息发布提供素材的支持。

如何把这些优质的视觉元素与自己想要传达的内容结合起来呢？比如说PPT上面有三个方块，其中最左边的是绿色方块，上面写着起步于青色；中间是一个红色方块，上面写着拓展靠热情；最右边是蓝色的方块，上面写着成功与思考。

这页PPT用来总结主讲人的团队2018年这一年的心路历程。按照一般人的表达逻辑，这页PPT只要播放出来，主讲人就开始按照自己事前准备的内容开始讲解了。这时候，这些颜色只有一种功能，就是为了区分这三句话，作为底色和背景色来使用。

主讲人在讲解的时候没有意识到，这三个色系是可以作为语料来使用的。他可以这么来说：

"说起刚刚过去的 2018 年，我所在的团队可以用这三句话来概括。年初组建团队的时候正好是春天，每当走出公司大门，映入眼帘的就是一场春雨之后满眼的新绿。我们起步于青色，真是一点儿没错。团队的成员以 95 后为主，当我们开始策划第一个项目的时候，看着他们一遍又一遍地推翻重来，我就问他们，为什么你们都这么努力呢？他们的回答是，这份工作是自己非常喜欢的。努力的意义是为了老板吗？不是，是为了正在做事的他们——一个热情似火的红色战队。经过一番努力，我们终于看到了蓝天，迎来了成功。"

除了使用颜色，还可以使用线条、形状等其他的语言箭头方法。你是否注意到购物专家最擅长使用语言箭头？比如在销售冬季保暖内衣的时候，由于衣物这样的商品标签上的字很小，字数却很多，为了让观众看到他们关注的信息点，购物专家就是这样来使用语言箭头的。他们会这么说：

"我们来看一下标签的第一行，注意到了吗？棉的含量高达 95%。我们再顺着看第二行，上面写的是莱卡含量为 5%。"

利用标签的第一行、第二行上面的文字来介绍商品信息，就是语言箭头的具体使用方法。

## 第三种：坐标对照法

语言箭头法最大的特点是方法灵活，基于不同的 PPT 页面内容，可以选择不同的方法来应对。这种方法是从出镜记者做现场报道时借鉴过来的。

现场报道时，记者需要对现场环境进行描述，目的就是为了让观众看到记者自己观察到的环境中的一些细节。出镜记者会在现场找一个标识明显的建筑物，以这个建筑物为坐标，引导观众去看现场。比如说，"这次车祸发生在一个丁字路口，从画面中你会看到有一家肯德基餐厅，肇事的大货车从肯德基所在的那个路口拐过来。据肇事司机说，他没有注意到骑电瓶车的这对母女"。

你是不是已经注意到语言箭头了呢？记者先找到一个显著的建筑物——肯德基餐厅，然后以肯德基餐厅为坐标，描述了车祸发生时大货车司机处于盲区的情况。

同样，语言箭头的使用方法也可以用在 PPT 页面的介绍上。你可以把 PPT 上某个视觉元素作为坐标，这个视觉元素通常来说比较好找，颜色要特别鲜亮，个头比较大。那么，以这个坐标作为基本点，你就可以将要讲的内容进一步清晰地介绍出来了。

总结一下今天讲到的表达技巧——语言箭头。主讲人用一个无形的箭头把观众的眼睛拴住了，让观众跟着主讲人的语言箭头主动去找视觉信息点。语言箭头一共有三种方法，分别是方位方向法、颜色线条法以及坐标对照法。

使用语言箭头这样的表达技巧，可以让观众的眼睛在众多的视觉信息中，一下子就找到主讲人此时此刻正在说的那个信息点，从而大大提升了沟通效率。

## 开篇策略：好的开篇一定要让受众感到惊艳

从语言表达的专业角度来说，主讲人有一个漂亮的开篇，演讲就已经成功了一半。你可以在第一时间把观众的注意力集中在自己身上。观众被你引导到话语场中，就能跟着你开始一场思想的碰撞之旅了。

开场白的作用除了开启一段讲话之外，更重要的是它需要完成牵制注意力，引发新关注，做出新表达的话语职能。具体来说，就是将观众的注意力从别处转移到主讲人这里来。

牵制住了观众的注意力之后，主讲人就需要将演讲或汇报的主题提早亮明。这就像吃包子一样，得让观众知道是什么馅儿，如果咬了半天都是大厚皮，观众会把刚拿到的热乎乎的包子再扔回到盘子里去。

那么，如何讲好开场的故事，如何利用提问的方法，如何运用行业新闻的热点，让你的演讲一开始就牢牢抓住观众的注意力呢？

我们先来说第一个方法——提问法。开篇就向观众提问，这是牵制观众注意力最直接的方式了。在生活当中，两个人交流的时候，如果想让对方必须跟你交流，最有效的方式是什么呢？那就是提问。比如当你说"你吃了吗？"这句话的时候，对方怎么着都得跟你说话吧，对方又不能看着你，然后不吱声。

还记得《超级演说家》节目当中刘媛媛的那篇著名的演讲《寒门贵子》吗？在演讲的开篇她是这么说的："前些日子，有一个在银行工作了10年的资深HR，在网络上发了一篇帖子，叫作《寒门再难出贵子》。意思就是说，在当下我们这个社会里，出身寒门的小孩想出人头地，想要成功，比我们的父辈那一代更难了。这个帖子引起了广泛的讨论，你们觉得这句话有道理吗？"

刘媛媛这篇演讲一经播出就引起了广泛的关注，至今都作为演讲的经典案例被认可。这一段开场的三个策略是值得借鉴的。

首先，它通过社交热点快速建立起与观众的共识场。它在传达这样的一层意思：我刘媛媛最近在关注这件事，你也在关注吧？它通过一个热点完成了人际沟通上从陌生到熟悉的过程。

其次，它借由情感的痛点直击命脉。在社会生活当中，有很多议题会引起大家的关注，比如职场焦虑、家庭焦虑、育儿焦虑等，我们拥有许多相同的焦虑的议题。

最后一个策略，也是这个开篇当中最重要的一点，"你们觉得这句话有道理吗？"有道理或者没道理，一个提问放在观众的面前，接收到提问的你是不是必须面对？

提问法有很多，你可以使用反问句，也可以使用疑问句，它们都具有一定的引导功能，是演讲开篇时快速吸引观众注意力的好办法。一个干净利落、直达心底并能刺痛观众的问题，是可以震慑到观众的。一个提问也好，多个提问也罢，都是可以使用的。

说完了提问法，我们来说一下第二个方法——故事法。想要在大场合表达当中有所建树，主讲人最需要具备的能力其实就是讲故事的能力。

我在辅导学生演讲的时候，每一位同学讲完之后，会让小组其他同学去评价，通常来说评价时提及最多的就是演讲中主讲人使用的故事案例和细节。一些研究也表明，故事和案例要比严肃缜密的推理更容易吸引观众，更容易让人记住。

想要运用好故事这样一种表达元素，需要注意的是什么呢？答案是故事的选材。不是所有的故事都值得在演讲当中来使用，到底选择什么来讲最合适呢？还有就是，如何来叙述这个故事呢？重点叙述什么，省略什么，讲多久，怎么讲？这些都是需要考虑的。

开篇时如果使用故事的策略，还需要注意：第一，故事的篇幅要小，因为开篇只是起个头，观众需要吃"爆浆牛肉丸"，而不需要吃"厚皮大包子"。第二，故事要贴切。选取的故事跟你的演讲、汇报工作的主题要紧密相关。故事再好，和你讲的主题八竿子打不着，这个故事也不能用。如果关系不紧密，观众就有可能误解你的讲话意图，被你讲的这个故事牵着跑了，而你所讲的主旨内容反而被他忘了。故事使用时是否要短小精悍，跟演讲、汇报的主题紧密相关，这个故事的开头其实就承担了一个引子的作用，引导观众进入到你演讲的主题。

故事开篇，无论是制造悬念，还是为了唤起共鸣，最重要的目的是牵制注意力，建立交流的话语场，把演讲现场的氛围带起来。只有场子热起来了，演讲接下来的这个传播效果才会达到你预期的目的。

我特别喜欢的主持人金星在参加《超级演说家》的时候，做了一个《谋事在人，成事在天》的主题演讲，可以说对于讲故事的技巧，她使用得堪称完美。

她是这么开篇的，她说自己在美国留学打工的时候，在一家皮具店当售货员。但讲这个故事并不是她的最终目的，她就是想通过这个小故事，来引出她要讲的一个核心的大故事。

那她演讲的第二个故事是什么呢？她说有一天在卖包的时候，进来一个人，这个人对她说，她现在的人生太着急了，应该需要一点儿耐心。这句话对于正处于拼命寻找自我、人生状态比较激进的金星来说，很是奇怪，她非常想知道这是怎么一回事。结果，这个来自新加坡的华人就给金星讲了一个自己的人生故事，他小时候奶奶告诉他，他今后要做一个跟水和机械有关系的工作，要有数不完的钱，后来他到了美国，通过自己的奋斗开了一家洗衣房，恰好就是每天和水、机械打交道，而且每天总有数不完的零钱收入。他通过自己的这种人生感悟跟金星来分享"谋事在人，成事在天"的道理。

这两个故事，一个作为开篇，一个作为演讲主体。金星先用她自己留学的事情作为开篇，接着在演讲中主讲了这个新加坡华人的故事，前后承接，环环相扣。在演讲的最后，她又点了一下题，堪称比较完美的故事演讲大法。

　　说完提问法、故事法之后，再给大家介绍一下第三个方法：热点法。在一些比较正式的行业论坛或者专业分享会上，开场白可以使用热点法。那么，热点法的使用策略是什么呢？

　　第一个必须要足够热，最好是行业头部的热点，比如说最近一周内发生的，如果是几周前或者是几个月前的热点，时效性就有点儿差了。使用过期的行业新闻，不仅无法与观众拉近距离，还会被观众嫌弃，所以如果用过期的新闻还不如不用。

　　第二就是讨论空间要大，如果是一听就知道答案的热点，那你拿出来说有什么用呢？也就是说，热点本身的作用比较单一也不行，热点需要跟行业"大咖"的言论相结合。

　　除了行业热点，还有一个社会热点，微博、微信、抖音这些社交平台每天都会提供很多公共话题。你可以从上面找一些比较有话题性的热点来谈。

　　提问法、故事法和热点法这三种方法能够让演讲开篇迅速抓住观众的耳朵，激发观众的好奇心。但是，只具备吸引力是远远不够的，在此给大家一个小提醒，即演讲的开始是建立可信度的最佳时机。

　　因为开篇对于演讲来说是引言的部分，对于主讲人来说，是你和观众建立良好关系的一个最重要的时刻。这其中最为重要的就是信任关系，也就是可信度。你要给观众一个理由，也就是要让他们知道，他们花那么长的时间来听你说话，是对他们有用的。

观众听你的开场白就知道你是否有能力胜任这个演讲。比如说，你是一位主持人，但是你今天要谈教育问题，除非你有个跨界的社会身份，比如说你是希望工程的形象代言人，你参与了很多走基层的工作，或者你走遍了祖国的很多地方，去了很多希望小学，看到了很多孩子的实际情况。你了解了这么多的议题，今天再来谈教育问题，大家就觉得这个人讲的内容还是值得一听的。

总结一下今天所讲的开篇策略的三大法宝：提问法、故事法、热点法。其实，演讲的开场白犹如演员上台前的一个漂亮的亮相。你是小碎步、大踏步还是噔噔噔地跑上去，就看你怎么设计了。观众买账不买账，这亮相忒重要了。


## 限时表达：
## 三个方法让你对演讲时间的把控更自如


我本人参加过很多论坛，经常看到这样的演讲场景：大会规定每人发言15分钟，很多主讲人都会出现前松后紧的情况，前边无关紧要的事情讲了 10 多分钟，看到工作人员提醒，还有 3 分钟演讲结束，才想起来自己的"主菜"还没端上来呢，于是快速翻动 PPT，让观众在 3 分钟内"把整个大肘子啃完"。其实，演讲者之所以会出现这个问题，就是因为他们没有好好地利用时间。也就是说，他们没有做好限时表达。那么，如何让限时表达为自己的演讲和汇报助力呢？

现在，我就来教你三种方法，保证你在限定时间内灵活表达，让时间为演讲添彩，而不是"添堵"。

## 第一种：时间感

中央电视台新闻频道有一档节目叫《新闻 1+1》，不知道你是否注意过，每当节目进行到 21：53 或者 21：54 的时候，主持人白岩松会时不时地看一下旁边，因为旁边有一个计时器。对于主持人来说，做直播节目的时候，时间就是一切，内容说不完的话，后面的广告就会切进来，结尾的片花会切进来，这对于节目来说可是一个播出的硬伤。

所以，时间感是主持人必须掌握的一种本领。对于我们普通的演讲者来说，时间感也是公开场合讲话必须具备的意识，虽然不至于像专业主持人那样精确到几分几秒，但是具备了时间感，就会让你的表达更加有的放矢。时间给内容让路，内容才能在充裕的时间内自主表达出来。那么，在日常生活中，如何自我练习才能具备时间感呢？下面介绍两种方法：分钟法和心算法。

我们先来说一下分钟法。分钟法就是把自己准备好的演讲内容录制一分钟，在时间上正负不要超过 5 秒，也就是说，要控制在 55 秒和 1 分 05 秒之间，不要相差太多了。接下来，你需要用不同的语速来练习，体会一下不同语速下所达到的效果。这样你就能明白自己在一分钟内能说几句话，能说多少内容。

那么，心算法又是什么呢？采用这种方式之前，你需要先把分钟法练好，因为分钟法是心算法的前提。分钟法需要你知道自己在一分钟之内大体上说了多少内容，而心算法就要难一点儿了，就是在不看表的情况下自己盲说一分钟。

当然，当你还不具备时间感这种基础能力的时候，心算法确实是有一些难度的。但是，随着训练的频度增大，我们的第六感会逐渐帮助我们完成心算。就像我们在给婴儿冲奶粉时，一开始并不知道什么样的水温合适，但是经过一次又一次的测试和练习，等到熟练之后，就能很快感知到什么样的温度是适合的。对于非播音专业的人来说，以分钟为单位进行不断的练习，就可以达到这种训练的目的了。

当你获得了时间感这种能力，你在演讲时就能很好地把握自己的演讲节奏，知道自己能说多少内容，需要多少时间。

这是一种可以让你终身受益的演讲方法，它可以帮助你做些什么呢？根据会场的情况来灵活把控时间，比如当有人说麻烦你再说3分钟，或者麻烦你再说5分钟时，你心里就有数了，即使不看表，你也会知道要如何把控这个时间。

### 第二种：计时法

如果你后天就要挑战一场演讲，有没有什么方法能让你马上用好限时表达呢？有的，我来告诉你演讲的时候怎么来看时间，让你的表现既得体又高效。

我一般参会时都会使用手机来计时。我一开始会这样介绍自己："大家好，我是中国传媒大学播音主持艺术学院的宋晓阳老师，同学们都会管我叫老虎老师。今天我主要想给大家介绍一下，电视新闻现场报道目前的一个发展现状……"通常，我会用大概20秒的时间做完简单的自我介绍以及交代完演讲的主题。接下来，我会在众人面前说，大会规定每个人只有15分钟的发言时间，所以从现在开始我要计时了。

在众人面前开始这个计时动作，这样做的目的一方面可以让与会者知晓你是一个尊重时间的人，也是一个时间的管理者，不会耽误大家的时间；另一方面就是你可以让自己在演讲或者汇报的时候将看时间这样一个行为养成一种习惯，这样在以后的演讲中都能保持看时间的习惯，心里就有数了。

大家有没有发现，一个在公开场合发表言论的人如果很遵守时间，大家对他的好感度就会高很多。如果他讲的那些内容又让大家在听后觉得意犹未尽，那么，他的整个发言就会更棒了。如果演讲者不懂得把握时间，拖着大长尾一直在讲，观众心里就会想怎么还没有讲完，这时候他们就会觉得很烦。所以，遵守时间会给你带来一个非常正面的形象，让你获得观众的好感。

有人会问，多久看一下时间会更加合理呢？一般来说，15分钟的讲话时间，每隔3分钟看一次时间是比较合适的。在整个演讲的过程当中，你可以根据时间将自己的演讲内容层层推进，使时间与内容形成一条同步推进的平行线。如果之前的时间感训练作用达到了，那么你就能够自然而然地找到3分钟的节点，对时间的把握会更精准。

### 第三种：倒计时法

语言表达中，我们经常会用到"倒计时法"。想要有效地利用好倒计时法，需要主讲人先掌握好时间感和计时法。只有掌握好时间感和计时法，才能更好地使用倒计时法。

那么，如何运用倒计时法呢？同样需要使用到手机的计时功能，这次你需要设置铃声。首先，设置倒计时 3 分钟。一般的简单讲话 3 分钟就足够了，在不看表的情况下，你按照自己的节奏与思路来讲，当铃声响起的时候，你计算一下自己想要表达的内容说了多少。如果还有 1/3 的内容没有说完，你就需要整合一下自己之前准备的内容了，把自己要说的话重新再理顺一下，看看哪些内容是起承转合，哪些内容是核心要点，开头的时间是不是有点太长了，入题是不是太晚了。然后，再次设置倒计时 3 分钟，把调整好的内容再说一遍，重复一下之前的训练路径。其实，训练本身是枯燥的，需要反反复复进行，只有这样才能将倒计时法运用好。

倒计时 3 分钟说完之后，如果你在做一个比较长的演讲或汇报，时间在 1 个小时左右，那么，你就需要一个小助手了。开场 3 分钟，让他给你一个手势；演讲进行到 10 分钟，给你一个手势；演讲倒计时 3 分钟，倒计时 1 分钟，再分别给你一个手势。也就是说，15 分钟的演讲，你需要小助手给你 4 次手势。最需要引起注意的分别是倒计时 3 分钟和 1 分钟这两个时间点。

当倒计时 3 分钟开始时，你必须清楚地知道，你的整个演讲需要收尾了。你能讲的话大概只剩 650 到 750 字，最多不要超过 800 字。如果你对稿件很熟悉的话，做到这一点应该说不成问题。当倒计时 1 分钟开始时，你就应该知道，接下来你最多只能讲 200 字了，甚至更少一点，否则按照规定的时间你一定是说不完的。

在这里，我需要提醒你一下，计时法和倒计时法为什么不是一回事？计时法是从零开始计时。倒计时法是从结尾开始倒数计时。根据我的训练经验来说，大篇幅的演讲、汇报采用计时法更好一些，就是从零开始计时，这样可以从整个篇幅上做一个时间的分解；而简短发言最好使用倒计时法。经验证明，很多人说不满 3 分钟，不是时间不够用，而是时间用不了。有的主讲人说到 1 分 40 秒或者 1 分 50 秒左右，就已经觉得自己说了好久好久。

为什么会出现这样的情况呢？主要原因是主讲人在倒计时这样的时间计算方法下，他心里的节奏通常会比较快，也就是说，主讲人在不看表的情况下说话，通常会越说越快，因为他担心自己说不完，就会机械般地快速把内容说完。

语言表达能力需要扎实持久且科学的训练，在这里跟大家分享一个故事。我的一个圈内好友 Y 同学之前是做自媒体的，自己在摸索着干。Y 同学发现，他的自媒体表达不如罗振宇做得好，请教之后他才知道，罗振宇每天为了那 60 秒的录制背后付出了多少心血。你听上去只有一分钟的内容，为了这一分钟，他需要付出无数个一分钟来做到尽善尽美。

2018 年年底，我带着学生去参加腾讯新闻一档《@ 所有人》的节目录制，罗振宇带着自己的团队也参加了节目，我在现场看了他的演讲，出错率极低。他对自己所要讲的内容与PPT的内容衔接了然于心，哪里出错了，他立马就会知道。除了保证把自己的内容传达出去，他还与现场的观众进行了有效的互动。之前业界就一直在说，罗振宇的演讲能力在国内可以排到前五名，这一点我是非常认可的。能达到这样一种水平，绝对是将限时表达运用到极致了。

在这个世界上，很少有人天生就是演说家。具备语言表达天赋的人一定是少数，想要在众人面前表达出色，必须接受科学的、严谨的训练。如果没有下够功夫，想成为别人眼中的表达高手，是绝对不可能的。

限时表达主要从时间感、计时法、倒计时法这三个方法入手，演讲者只有熟练运用这三种方法，才能增强自己对时间的感知与把控。当然，这一切都需要你做好充分的练习。所以，只有循序渐进地提升自己的语言表达能力，及时复盘与改进，这样才能让自己的语言表达能力获得持续提升。

## 实战演练：做最坏的打算和最好的准备

没有人天生就是演说家，所有取得成功的演讲都是演练出来的。演练就是正式演讲前的预演，把正式演讲的所有流程走一遍，也可以称之为"全要素演练"。

实战演练的目的就是为了保证正式演练的时候，主讲人以及所有跟演讲有关的要素都可以高质量地呈现出来。那么，实战演练前、演练中以及演练后都需要注意哪些问题呢？你只要把控好实战演练的这三个阶段，等到你正式演讲的时候，说话绝对有底气。

首先是演练前先确认再演练，主讲人需要确认以下三项：稿件打磨完成、PPT 制作完成、稿件与 PPT 结合完成。在演讲的舞台上开始实战演练之前，主讲人的演讲稿要求必须是成稿，是经过多次修改之后的最终版本。主讲人使用的PPT 也必须是最终版本。

主讲人对于稿件已经烂熟于心，每一页 PPT 应该配备什么内容早已经非常明确。注意，在实战演练中，你所要演练的是物理环境、演讲设备等其他要素，而不是演讲稿、PPT等问题。如果主讲人无法脱稿，对于 PPT 内容不能做到心中有数，演讲的效果一定是大打折扣的。在这种情况下去演练，有什么意义呢？这样就是在耗时间。因为主讲人没有准备好，所以演练进程一定是难以推进的。如果你不能对演讲内容烂熟于心就去演练，一定会出现最惨烈的"车祸现场"，那就是你头也不抬地闷头念，观众头也不抬地玩手机。

在确认好这三项后，主讲人还需要注意的是什么呢？应注意行走路线、发言位置、话筒设备，还有翻页器的测试。你需要了解上台下台的路线，自己是从舞台的哪边上、哪边下，站在舞台上哪个位置最合适。通常来说，主讲人会用不干胶粘一个位置，将其当作定点位置。在上下舞台时，需要注意的是上下台动作的协调性，无论你多么着急，动作也不要慌张，有力的步伐会给人以活力感。还有一点需要注意的是，千万别跑，穿高跟鞋的女生尤其要注意这一点，否则会发生一些比较尴尬的场景，比如说人还没走上台，鞋子先上去了。

关于设备问题，你需要注意话筒是什么样子的，它会影响到你穿什么衣服。比如说若是手持话筒，你需要注意用哪只手来拿话筒。我们通常有一只手特别爱做动作，那么就用不做动作的那只手去拿。因为一旦做动作的话，你会不自主的将话筒偏离你的嘴巴，这样就会影响到收音的效果。

如果是耳麦，还需要穿有腰带的衣服，因为有些女生——比如说裙子——是没有腰带的，这些你都要考虑到，因为后面要卡上与这个话筒相关的一些设备。

最重要的是PPT的翻页器，因为它有一个遥控的距离，这个主讲人心里得有数。在上台演讲时，主讲人注意更换翻页器的新电池。有些路演的比赛，PPT的播放不是由主讲人来控制的，这在演练的时候也需要做到心中有数。还有一些会议室的 PPT 投影仪的面积比较大，如果投在主讲人脸上，脸就会变花。这种情况下，主讲人就需要调整一下自己所站的位置。

前边讲的是演练前的确认事宜，接下来就是演练中的注意环节。你需要记住在演练中容易出错的环节。在这里有一个原则：先走流程，再解决问题。先走流程是说什么呢？就是主讲人结合演讲时所有需要使用到的设备、场地完成一次演讲的流程，当然，这其中会出现各种各样的问题，比如 PPT 播放出现问题，舞台的追光没有及时跟住主讲人的动态路线等。无论出现什么问题，主讲人都要把整个流程走一遍。

如果你卡在某个地方，流程没有走完，你在演讲时就会特别担心，这样就容易出错。当你将整个流程走下来之后，就知道问题出在哪里了。这时候，你可以把刚才演练过程中出现的问题再与工作人员进行进一步的对接，将所有问题解决掉。

在一些技术性的问题都解决之后，主讲人接着进行第二遍的演练。在第二遍演练时，需要检验的是第一次演练时出现的技术性的问题。除此之外，还有个重要目的，那就是计时。也就是说，把技术问题解决之后，主讲人在演练时的注意力就要从场地、环境、设备逐步转移到主讲人自身上来，比如演讲的状态，语态以及音量大小，服装颜色与会场的背景，走位的路线与舞台环境，等等。

不同的演讲汇报活动演练的侧重点也不一样，比如公司年会，由于项目多，参与人员较多，也许你只有一次演练机会，这就给你提出了一些新的要求。设备都已经调试好，你是第五个演讲者，你前面的四位同事在演讲时出现的问题恰好是你需要注意的问题。看别人演练也是一种经验的总结，如果别人在演练的时候，你只顾准备自己的事情，一旦发生一些问题，你就不知道该怎么去处理了。

为了更好地达到演练效果，主讲人最好将整个演讲过程录制下来，这样可以方便主讲人自己回去复盘。特别是主讲人的肢体状态，只有主讲人自己意识到、看到，才能真正解决问题。

主讲人要对自己演练过程中出现的问题，做一个详细的记录。比如在舞台上的站位，地上的不干胶贴的标识是否一眼就能看得见，因为有些时候舞台上的灯光一打，人的眼睛会有点花，你未必一下子就能找着，这些你都需要注意。

有些主讲人戴着眼镜，当灯光音效打开之后，主讲人的视线会受到一些影响，而这些影响都是需要主讲人在演练的过程当中留意的。

最重要的演练过程就是文稿内容了。平时，我们大都是在家里或者办公室备稿，来到这么大的空间，承载内容的就是声音本身了。倘若发现问题，就需要主讲人及时修改。可以这么说，只要还没有开始正式的演讲，主讲人都可以对演讲的稿件进行修改，直到自己满意为止。

最后我们来说说补齐漏洞环节。演练结束之后，需要解决的问题有什么呢？其一是演讲的状态。演练的时候最重要的是你是否在线，比如说你的表达是否跟这个空间贴合。声音太大了显得胀，声音太小了显得你怯懦，这些都不行。你得大大方方地展示自我。声量、移动路线、在演练时发生的问题，这些都需要你静下心来自己捋顺一下。

当然，PPT 也是需要注意的事项，注意查看 PPT 字体的大小、背景颜色与舞台的背景是否顺色。从现场播放效果来看，一些 PPT 的动画设计并没有在现场达到预期的效果。如果主讲人自己播放 PPT，每页 PPT 需要花费多少时间来讲解，主讲人心里也要有数。主讲人需要注意调整自己的心理状态，保持稳定的讲话状态。

当所有与演讲相关的事情都已经准备十足了，是不是就没有问题了呢？你还需要做好突发预案的准备。做任何事，你都要有一个预案。

如果 PPT 在现场突然播放不出来，怎么办？这也是演讲中最容易出现的问题。前一阵子我去国内一个比较大的短视频平台听演讲，可是就在正式演讲的时候，显示屏反反复复出现问题，但是在舞台上的演讲者业务能力确实非常棒，他会及时调整。他把原来该演讲的部分变成了与观众互动的环节，让大家对他刚才讲的内容进行提问。等到他的小伙伴们把显示屏调整好之后，他再开始继续演讲。

演讲设备确实有"罢工"的时候，这个无法避免，但对主讲人来说，要有应对的办法。你只需要撑一两分钟，等待技术人员来解决问题就行。

还有一次是演讲过程中音响出现问题。前几天，我去一家事业单位讲语言表达课，就出现了这个问题。后来我想了一个办法，就是用手持的话筒对准电脑，这样可以保证一些声音出来。当然，不同的演讲环境、演讲氛围，各种突发情况都有可能出现，甚至还有观众干扰主讲人的情况，所以对于主讲人来说，突发预案做得越是周全，正式演讲时心里就越有底气。

想要有一场成功的演讲、汇报，前期周密的准备工作必不可少。而实战演练是通往优质演讲的必经之路。回顾一下本节内容，正式演讲前的全要素演练需要三个阶段，演讲前需要完成对确认项的检验，演练中要先走流程，再解决问题，演练后是补齐漏洞环节，最重要的是准备突发预案。实战演练让演讲人说话更有底气。

## ? 答疑解惑 1

**问题一：**宋老师，前两天我遇到一件事。在一个座谈会上，本来没有安排我发言，忽然之间主持人让我发言，我一身冷汗，语无伦次、结结巴巴的。想总结前面领导说的话，可是领导们都是照着稿子念的，我也没怎么记住。这种情况，宋老师指点一下吧。

**答：**这位读者还是蛮可爱的，那么这时候应该怎么办呢？通常来说，今天你来开会，关于会议的主题，你应该是知道的吧。即便你的注意力没有百分之百地投入进去，你只需要投入10%，也会听到一些和这个主题相关的内容，所以，你只需要谈一下跟这个主题相关的事儿，就不算跑题，不一定非要结合前面领导说的内容来讲。这是第一种方法。

别人临时叫你，你先吓了一身冷汗，这是因为你本身太在意当众讲话这件事了。你害怕被叫起来说话时自己表现不好。其实，在我们生活当中，被突然叫起来说话，没有想好怎么说是一件特别正常的事。所以，第二种方法就是你没有必要把这件事放大，或者说，你没有必要把这个问题想得太复杂。试想一下，如果不是你被叫起来，而是你的同事被叫起来，等到散会时，你还会想起你的同事刚才有多么尴尬吗？

你肯定想不起来的，对吧？

但如果是一个特别重要的会议，领导一定会事先通知大家，甚至会事先安排好需要发言的人。而像刚才这种情况，说明这个会议本身并不是特别重要，所以你没有表现好也没有关系，不要在这件事情上给自己过多的负担。

记得在上一次的答疑过程中，有一位朋友在我们的微信群里发言，他说自己在一个小地方工作，都没有用到过职场表达。可是前两天，领导开会竟然要求他们挨个发言，他就把"快接慢说"这个方法给用上了，而且效果非常好。所以说，根据不同的情况，大家可以选择适合自己的方法。

**问题二**：如何高效地跟领导汇报工作？

**答**：他的问题虽然非常短，但是要回答的东西却很多。他这个提问当中有一个字眼叫"高效"。要做到高效，一个很重要的前提就是你手里的材料，或者说你手里要去汇报的东西，必须准备充足。你对于现在所有需要汇报的内容的最新进展情况要做到心中有数。

那么，这些材料如何准备呢？我们在公司里上班，经常需要做日报、周报和月报。这些日报、周报、月报写完之后，可不要让它们躺在你的电脑里，你要让它们变成对自己工作的一个把控。每一项工作的推进情况、日程安排，都是你要向领导汇报的，而日报、周报和月报正好帮你做了梳理，所以你需要多多借助它们。当你对每项工作的进展了然于胸，在向领导汇报时就不必发愁了。

做好准备后，接下来就是如何向领导汇报了。在向领导汇报工作时，也有一个需要特别注意的要点。那就是要讲重点。想要做到高效，就要学会用关键词来汇报工作，将每一项工作的要点用关键词提取出来。这样你就可以引导你的领导，让他根据你所讲到的关键词来理解你汇报的内容。如果你在汇报工作时语言组织混乱，表达不清楚，讲不出重点来，那么，你的领导肯定会觉得很烦。

当然，你还需要注意的一点是，在你汇报的项目中，你的领导最关注哪个项目，将领导最关注的项目进行排序，然后按顺序进行汇报。最后是做一个小总结。你可以说：以上就是我手里各项目的推进情况，给您汇报完了。

当你汇报完后，领导可能会对你接下来的工作做一些指示，这时候，你需要拿出笔记本做记录，要让领导觉得自己的指示落地了。如果领导的语速较快，记不下来，你可以先记关键词，或者你可以打开手机的录音功能。在这里提醒一下，有些领导对于录音这事儿比较敏感，是否采用这个方法需要看情况而定。

在汇报时，有一个特别重要的前提。你要记住，语言只是一种工具，只有当你将工作做得足够好时，好的表达方式才能为你的工作加分；反之，如果你的工作做得不到位，再漂亮的语言也无法让你的领导满意。

　　**问题三：** 宋老师，您好！我是一名职场新人，我发现我的同事们彼此之间都聊得特别开心，他们都能打成一片。而我除了工作上的问题以外，不知道该跟他们聊什么。一件很搞笑的事情被我说出来，结果气氛瞬间冷掉，很是尴尬。因为这些事我感到有些自卑，感觉自己好没趣，您说怎么办？

　　**答：** 从微信头像来看，这是一个女生。其实，女孩子跟女孩子交往，最好聊天了，最简单的是你可以从穿衣戴帽聊起。女生都爱美，所以美是最好的一个话题。我的学生中有很多20岁出头的小姑娘。她们会经常背特别漂亮的小包包来上课，我就跟她们聊这个包包，很快就能和她们打成一片。

　　一个人无论是谈减肥也好，吃穿用度也罢，他在谈论这些东西的时候，其实都融入了他的价值观。所以你跟他们交谈时，就能很快发现自己跟哪些人是一类的，会有共同话题，你可以多去接近这类人。

　　**问题四：** 宋老师，您好！想向您请教一下，在向领导汇报工作的时候，明明自己已经构思好了，但是在说的时候总感觉说不到重点，废话又多，结果就是没有自己想象中表达得那么理想。在汇报时，我也没有紧张，老师您说该怎么办，如何练习呢？

**答：**汇报工作时只有构思是远远不够的，构思是仅仅局限于想的阶段。从构思到表达，还欠缺一个行动的过程。如果没有经历这个过程，你就无法发现自己构思的内容中是否有问题。所以，你只是带着一个半成品去跟领导汇报，那怎么会好呢？

在我们的群里有一位朋友，他有一次跟我电话交流，在交流过程当中，我发现他整个表达过程很顺畅。于是，我说："你今天跟我打电话时说的这个问题，比你上次和我描述的问题要好很多。"他说："宋老师，是这样的，我觉得您的时间比较宝贵，我不能太耽误您的时间，所以今天在跟您通话之前，我就先写了一个小小的提纲，保证我今天在跟您打电话的时候不跑题，把我要说的事情一件不落地都跟您说了。"所以，一个人要想把事情表达得非常顺畅，前提条件是什么呢？做足准备工作，反复练习。

因此，在向领导汇报工作之前，你不妨先做一个小提纲，然后按照你的构思说一遍，把它录下来，看看自己哪些说到了，哪些没说到。经过几次练习，你就能表达得越来越棒了。

我从事教育事业已经有 17 年的时间了，我经常会跟很多部门、很多团队有各种各样的合作，我总结出来这样一条经验：任何合作，刚开始的时候一定要多花费一点时间来进行打磨。你会发现，前期打磨得越好，后期的合作就会越愉快，效率也会越来越高，这其实就是"慢等于快"。所以，做任何事情，前期不要担心麻烦，要多下一些笨功夫。好脑瓜永远不如烂笔头。

**问题五：**宋老师，我想问一下，我在跟客户沟通的时候，怎样才能让自己的表达更加具有画面感呢？

**答：**任何愿景的描述都需要一个非常具体的物理空间。比如，你想让对方买大别墅，那你就得跟他描述，是要买一座欧式的建筑、一座美式的建筑，还是一座中式的院落呢？我们所说的画面感，首先，最重要的一点就是要用文字呈现出物理空间。其次，就是这个物理空间里必须要有人物。也就是说，这个人和物理空间到底存在怎样一种关系，是从属关系还是过客关系，也需要描述。最后你要描述的是在这个物理空间上，这个人的行为、动作还有他说话时的表情，这些是最核心的描述。只有这样，你的描述才能够立体起来。就像我们看小说一样，大家看小说时为什么会觉得虽然没见过小说里这个人物，但是又对他感到格外熟悉？因为你能从小说中读到人物的心理活动。

还有一点，你可以通过构建人物关系来建立画面感。无论是情侣关系、夫妻关系、亲子关系还是朋友关系，一旦建立了人物关系，人与人之间的语言就会显得特别自然，容易让人有代入感。在这种情况下，画面感也就出来了。

**问题六：**宋老师，我到了新环境，遇到办公室的"政治小团体"，怎么办？总有人跟我过不去，各种敌对情绪，我都不知道自己接下来怎么做才合适。

**答：**有句老话说，有人的地方就有江湖，有江湖自然就会有圈子。到了一个新环境，对你来说最大的问题是不了解这里面的人文环境，不了解这里面交错复杂的人际关系。

在这里有这么几件事提醒你一下。

第一，任何人跟你说的负面的东西，到你这儿就打住，不要去传递负面的信息，因为这种传递将会给你带来一定的危险性。

第二，接受善意的帮助。在任何环境里，有的人是与人为善的，你可以接受来自他的帮助。我经常会跟很多新的团队合作，大都是签约合作的关系，在这个过程当中，其实每个人对我来说都是陌生的，但是我会相信有的人天生就是对别人有善意的。

第三，注意自己的言行。在环境当中会有一些敌对的情绪，有些情绪是比较显性的，比如有的人可能会直接发出明确的信号，对你说话不客气或者指桑骂槐，这些是你比较容易判断的。还有一种情况是，你在无意之间得罪了谁，而你却对此一无所知。这在生活当中是特别常见的，有些事你并没有注意到，但别人已经非常往心里去了。对于这种情况，如果对方想揪住你不放，无论你怎么弥补也不太有用。所以，最好的办法就是尽量在一个人比较多的场合里，多留点神。

**问题七：**老师好！在公开场合面对大众讲话，或者是在工作中向领导、上级汇报工作，如果觉得没有把握的话，是不是都要写手稿，然后反复练习呢？如果是即兴讲话或者演讲，该怎么办呢？

**答：**其实，只要在公开场合下说话，都是某种意义上的演讲。其他单位的人到你们单位来参观，你需要讲话欢迎一下，或者是其他单位参观完你单位之后，对方发表了一些想法，你需要对此总结一下，这都属于即兴讲话。

那么，即兴讲话到底怎么来准备呢？如果是三五分钟的讲话，一般来说，20 分钟或者半个小时的准备时间就可以了。建议你在备忘录上写一下要说的两三个要点以及每一点具体要讲什么事。

如果没有准备的话，又该怎么发言呢？按照之前讲的方法——快接慢说，即便是临时被叫起来，前面有人讲过话，你可以根据前边同事讲的内容，自己组织一下语言，借题发挥。

**问题八**：宋老师您好，我想咨询一下，我是采购出身，现在公司给我机会让我来做运营，带团队。我之前没有带团队的经验，所以感觉团队不好带，管理也不好管，我这人说话还有口头禅，该怎么办呢？作为团队的领导者，怎样和下属沟通，才能更好地推进工作呢？

**答**：关于这个问题，你可以换位思考一下。即使身为管理者，我们也还有另外一个身份，那就是我们也是别人的下属，对不对？那作为别人的下属，我们希望自己有个什么样的领导呢？你往这个角度去想，就能找到答案。

前几天，我去深圳出差，接触了一个团队，其中一位团队成员跟我聊天的时候，以一种绝对赞许的口吻说，"我们领导特别会思考"。那么，你是不是一个特别会思考问题的人呢？你在布置工作的时候，是否能把所有问题都考虑周全？你是否能体谅到团队里的每一个人？比如说有的人家里有困难，如果你安排的工作太多的话，他肯定是完成不了的。在这种情况下，你还要给他布置任务，这就是你在人员安排上考虑不足了。

刚刚晋升管理岗位，你的能力很可能会出现短板。你以前可能是个业务能力特别强的人，但是做了领导之后，你还需要具备管理能力和带团队的能力，而在这方面，你恰恰是一个新手，你需要这种新的专业知识的快速补给。你在一个新的工作岗位上，如果知识储备和专业能力不够，这时候无论你多么努力，都是没有办法达到目标的。这时候你最需要的是什么呢？需要补齐你的能力，所以就要多学习新知识和新方法。

在我看来，带团队就是立规矩。带团队一定要赏罚分明，不能朝令夕改，想一招是一招。当然，带团队还有很多方法，你可以去学习一些跟管理有关的课程，也可以向身边管理工作做得比较好的同事学习，向他们取取经。在这个过程中，你会有所收获。

至于你说的口头禅这个问题，之前我在训练学生即兴口语表达的时候，也遇到过一个这样的学生，他能在 12 秒的时间之内说 20 个"这个"。比如他会说："今天我们来谈一下这个问题，这个问题大概有以下这三个方面，我们来看一下这个第一个方面。"你听完后是不是会感觉很烦？

怎么办呢？你要自己去解决。你要从内心深处正视这个问题，然后把它当作一个必须要改正的问题去对待。你跟别人聊天的时候，可以把自己说的话录下来，回去以后听，然后逼迫自己去纠正。真正想解决这个问题，还是要看自己决心下得大不大。

**问题九：**宋老师您好，我目前在一家小型创业公司工作，近期由于工作当中的业务权重调整了，我的工作绩效进行了重新划分，感觉自己擅长的项目的比例缩小了。我想找领导谈一下，看看有没有调整的空间，但是，我又怕领导觉得我很在乎个人的利益。而事实是，新方案一旦实施，我的工资确实是变相地降低了。我很想找领导沟通，但是又没有勇气，不知道怎么说合适，也怕领导不高兴，气氛变得尴尬，所以想请问老师有没有招呢？

**答：**在职场上，每次沟通的发起，通常都是基于你自身的一个沟通需求。你需要让对方在跟你沟通的过程中产生这样一种感觉，即你不是为了自己来跟他说话的，你是为了对方来跟他说话的。也就是说，你要站在对方的立场来跟他沟通这件事情，这样对方就更容易接受。

所以，你要让领导觉得你所要谈的这个问题的出发点是站在他的立场上的，比如说，这个工作推进不下去，会影响到领导的什么工作。你要让领导觉得你是在提醒他、帮助他，这样你就能渐渐达到你的目的了。

另外，你是不是觉得这次沟通谈的事情有点多呢？一方面是你的工作内容，一方面是你工作绩效的考核，还有一方面是你个人的工资收入。这么多的内容一下子都抛给领导，他是不是也会觉得难以下手？所以，你需要在诸多诉求当中选择一个你最想解决的来说。如果一股脑儿地都抛给领导，他未必都能解决，这对你来说也未必是一件好事，这一点需要你考虑一下。

PART

2

第二部分

独白型表达：

完美表达自我，让每一句话都被听到

## 自我介绍：面试的三大策略及四个痛点

在谈自我介绍之前，请你先回答一下这几个问题：

你会做自我介绍吗？

你的自我介绍亮点是什么？

你的自我介绍能让面试官记住吗？

不问不知道，一问吓一跳吧。找工作面试的时候，自我介绍作为第一个环节至关重要，因为它直接决定着面试官接下来将对你采用何种面试策略，对你特别感兴趣，想从不同角度多了解一些，还是对你完全不感兴趣，只是可怜你大冷天跑这么远过来面试，走个形式草草收场。

自我介绍是面试官在对你一无所知的情况下，是否愿意开启了解你这扇大门的那把钥匙。在本节中，我会教你三大自我介绍的策略，让你能够大大方方展示自己的优点，赢得面试官的肯定。我还会告诉你面试时有哪些细节必须注意，来帮你避过那些拖后腿的动作。

## 面试策略一：依据岗位设计内容

我曾担任过很多主持人大赛的评委，一些参赛选手在自我介绍的环节中，最容易出现的问题是什么呢？是忘了自己过来参加什么比赛。在面试环节的自我介绍部分，要以自己应聘的岗位来设计自我介绍的内容，也就是说，你需要把自己的个人能力与应聘岗位紧密地结合起来。

在这里必须强调一个原则，即针对性"投喂"。对于面试官来说，他不需要知道你是不是钢琴十级，但是他需要知道你对办公软件掌握的情况如何。把自己身上具备的能力跟岗位需要的能力进行有效的对比，这样的自我介绍才会让面试官省心。因为面试官最在意的就是求职者为什么要应聘这个岗位，以及求职者对自身的介绍、评价和岗位要求是否吻合。

一个人无论能力多强，如果不知道自己面试的是什么岗位，将自己从小到大的个人履历以及所有的能力都一股脑儿地抛给面试官，最后的结果只会是糟糕的。因为面试官根本无法判断你所具备的能力是否适合这个岗位。所以，你需要准备的内容一定是面试官想听的内容，而不是你想说的内容。

### 面试策略二：具体表述，切忌概述

相信很多人在面试的时候都会对自己有一个自我评价，比如会在简历中写"本人性格开朗，善于与他人合作，英语水平可以达到听说读写熟练的程度，在校期间积极参与社会活动，做过志愿者，兼任学校学生会干部"等信息。在面试的时候，如果你用这样的自我评价，就是把自己描述成了"一棵大白菜"。因为听完上面的这些描述后，面试官对你的个人能力依旧什么都不了解。虽然没有一句假话，但是句句都是空话，因为什么呢？没有具体的内容。

那么，什么是具体的内容呢？用具体的事情来介绍自己。比如说，"本人在大二期间参加了'上学路上'的公益活动，从海报制作到外联对接，从活动策划到媒体报道，都是由我负责"。接下来，你可以顺手向面试官展示一下你设计的海报，以及你负责对接的媒体的报道等。这样，面试官就会对你有一个清清楚楚的了解。

如果你是跳槽就职，那么，你就要把你做的项目介绍出来，包括项目的名称、时间、你所承担的具体工作、项目本身的重要性等。比如，我在公司主要负责大型活动的策划与实施，在我工作的三年中，每一年行业峰会的总策划都是我，还有两个区域性的峰会也是由我策划。比如，最近这次的策划主题是"AI可以替代我们吗？"，主要是以目前人工智能的发展为切入点的。

这样的内容是不是很具体？当然，你需要注意的是，在介绍个人能力的时候，你需要说具体的事，而不是概括地介绍。

### 面试策略三：按照何种逻辑介绍

一般来说，最简单的办法是时间模式和重要模式。先说一下时间模式。比如我的一些研究生学生在就职的时候，介绍自己的个人实践经历，我通常会提醒他们使用时间轴来介绍最好，也就是要介绍自己最近每一年分别做了什么。

除了使用时间轴之外，还有一个重要模式需要了解。那就是在跟用人单位介绍自己的社会实践的时候，大平台在前，重要工作在前。比如大学期间，你在央视、人民日报社、腾讯这样的平台实习过，那么这些平台的实习经历往前放，在自己家乡实习的经历和一些小公司的实习经历往后放。

除了时间模式和重要模式之外，还有一种模式叫创意模式。

我的一个学生从一家大公司跳槽去另一家大公司，他在面试时选择的就是创意模式。他是这样说的："我的经历可以用 2+3 的模式来说明，2 代表的是学历，3 代表的是工作。"
然后他分别介绍了自己在本科和研究生阶段分别学的什么专
业，以及这些学历与他目前所要应聘的岗位有什么样的关系。
从大学毕业一直到他跳槽来这家公司之前，他做过三份工作，
所以他就把跟与自己应聘岗位有关的内容也进行了自我介绍。
这种创意模式也是值得使用的。

说完了面试的三大策略，接下来我还要提醒你在面试时
需要注意的几个细节。细节决定成败，千万不要让精心准备
的面试败在一些没必要犯的错误上。

第一，岗位痛点。知道你所应聘的岗位痛点，对于求职
者来说是有利的。你可以事前做一些功课，也可以通过人脉
了解一下这个岗位工作的痛点。当你有备而来，谈的内容也
恰恰是面试官想知道的，就有很大概率通过面试。

第二，能力差距。在就职的时候，如果你自身的能力达
不到招聘单位对于岗位的需求，这种情况称为能力差距。这
就需要你对应聘岗位的能力要求有所了解，对自己的能力也
有一个清晰的判断。你需要做的是将自己的能力与岗位能力
衔接好。比如，你之前的工作范畴是接触一般职员，但是新
求职的岗位要求你对接的是中层领导干部，你就需要考虑如
何弥补这个差距了。

第三，协调能力。可以这么说，缺乏协调能力，很多岗

位你是做不了的。那么如何体现你的协调能力呢？我的一个学生在介绍自己的协调能力时是这么说的，他说自己可以把公司中不同的事业群协调起来，为了完成一个不会有 KPI 考核的项目，让每一个人发挥作用。这样的能力可不是一般人都有的。

第四，有一说一。每一个面试者都想面试成功，美化自己就变成了一种不自觉的行为。但需要注意的是，切莫不懂装懂，夸大自我。因为你无法判断面试官到底是什么水平，也许你就撞到"枪眼"上了。

我有一次做主持人大赛的评委，一位选手在做自我介绍的时候说自己懂日语。在日本留过学的我想让这位选手展示一下个人能力。我当时就用日语说："你是从什么时候开始学日语的呀？"你猜那位选手怎么回答的？那位选手说他今天早上吃的粥和鸡蛋，是不是觉得特别逗？这位选手说了谎，其实他不太懂日语，只是看过几部日本动漫而已。

有一说一，不要有一说一百。因为你不知道坐在你对面的面试官会有什么样的举措。一旦你夸下海口，面试官要求你现场展示，或者是进一步追问，那你就尴尬了。这样不仅影响到你的面试结果，也会让面试官对你的人品产生怀疑。

另外，在自我介绍的时候切忌夸夸其谈。能说和会说是两码事。能说是不管对方听不听，面试者就一直说自己的。

会说是察言观色，审时度势地去说话。你要做后者，做一个善于观察的人。如果面试官对你所说的内容不感兴趣，要懂得适可而止，及时调整思路，而不是自我陶醉。

在面试时，要表现得大大方方，不要太拘谨。面试的时候，你还需要注意音量的大小和吐字的清晰度。如果自己平时说话比较大声，在面试时就注意适当调小自己的声音。如果你平时说话声音小，要注意适当放大自己的声音，否则一张嘴对方都听不清楚，那就"歇菜"了。先不要说你是否适合这个岗位，作为社会人的基本素质都有待提升了。

总而言之，自我介绍也需要多做训练。你要知道，有些面试是为了获取工作，而有些面试是为了增加面试经验的。面试经验也是需要积累的，多去几个面试的现场，多见几回面试官积累一些经验，对于训练自我表达也是非常有好处的。

最后，你需要准备一句话，这句话可以高度概括你的能力和性格。简洁的黄金句让面试官可以一听就记住你，比如：我是一个遇事不慌、做事动脑、办事靠谱的95后。

第二部分
独白型表达： 完美表达自我，让每一句话都被听到

# 年终总结：
## 四种方法令你在人生的重要时刻绽放光彩

年终总结是每一个身在职场的人都会遇到的事情，也是一年中在领导、同事面前最重要的亮相。如今各个公司在年底都会特意安排时间、场地以及设备，把年终总结作为公司最重要的活动来办。你的年终总结通常是怎么做的呢？

前几天我接待了一位朋友，他向我请教，如何才能做一场漂亮的年终总结展示？聊完天后我才发现这位朋友身上存在的问题很多人都会有。他的自我评价是："干活一个顶仨，说话稀里哗啦。"他说自己工作能力超强，败就败在了这张嘴上，说话不给力。这不由得让我想起自己曾说过的一句话："在职场上干得好不如说得好来的重要。"

有的人在一年中确实做了不少项目，但在写年终总结时却不知道怎么入手，写到最后，发现写的是公司业绩一览表，完全没有凸显个人的亮点。有的人日常工作比较琐碎，感觉很多东西不值一提，没有什么亮点。这种情况下无法避免的是，一场年终总结最终走上了"琐碎、零散、不值得一提"的命运。

那么，如何把一些琐碎细小的工作说得更加有条理，听起来更加高大上呢？有四种把芝麻说成西瓜的方法，它们分

别是项目法、时间轴法、故事法和数据法。

当然，把芝麻说成西瓜，并不是教你夸大自己的工作，而是帮你理清逻辑链条，将一堆看似琐碎的工作化整为零，这样的总结才能凸显你的工作成果，让别人看到你工作中的亮点，不辜负你这一年来的辛苦。

## 第一种：项目法

项目法是最符合年终总结这类内容的总结方法了。

对于很多公司职员来说，一年里手上的工作就是面前摆着的这几个项目。忙起事情来的时候，他们很少会去关注同事们是如何协调一致来干活的。到了年终总结的时候，才有机会知道同事们是从哪些不同的角度切入工作流程里来的。所以，用项目法做年终总结是最有效地展示自己的一种方法，也能更好地总结自己的一些见解和收获。

说到了项目法，其表达策略主要有什么呢？包括以下三个：

第一，职能介绍。主讲人在总结的时候，从自身岗位的角度切入最为合适。假如你是负责前期策划工作的，你从策划这一岗位职能入手，从前期调研策划书的文案写作、委托人的诉求点等不同角度讲述项目，一定跟其他同事的视角不一样，对吧？

第二，岗位衔接。主要立足于自身岗位，在讲述过程中，保持与其他岗位的有效衔接。比如你所在的是策划岗位，在总结的时候可以基于其他部门同事所讲的内容进行有效的勾连。这样承上启下的内容表达会让你显得很专业，也会让其他部门的同事在听到你的发言后倍感欣慰。

第三，经验沉淀。最好的员工就是干完活之后对工作有所思考，能够对工作进行复盘，思考如何减少内耗，节省人力物力，如何能做得更好。这样带有自驱能力的员工，对于公司来说就是极具价值的员工。

无论今后是否在这个岗位上工作，这样的员工考虑的不是自己，而是工作流程和工作中的注意事项，甚至是整个公司的战略。

### 第二种：时间轴法

年终总结主要是梳理一年中个人的大事记。在这一年中，你一定做了不少工作，那么，按照什么样的逻辑顺序来梳理你的工作最好呢？

最方便也最清晰的方法，就是时间轴法。你可以按照时间顺序对重要工作进行逻辑梳理。举个例子：

我曾为一家事业单位做语言能力提升的培训。在培训的过程中，有一位研究人员在做工作陈述时是这样说的：我今年的工作主要分为两个部分，第一部分是 1 到 4 月份在江苏南京的工作，第二部分是 5 到 12 月在北京的工作。我先来介绍一下 1 到 4 月份在南京的工作情况……

这位研究人员以时间轴和工作地点划分工作，将时间线与工作内容紧密贴合在一起，可以说非常讨巧。用时间来划分，可以让主讲人的叙事更清楚。但是到了具体项目汇报的时候，有些人的年终总结又陷入了干巴巴地汇报流水账的困境，这时候该怎么办呢？

### 第三种：故事法

年终总结的时候，你最怕听到什么样的总结呢？那种公文式的总结是不是很可怕？比如下面这个案例：

大家好，我来给大家汇报一下这一年我做的工作：

1 月份我接了 A 项目，2 月份我给 A 项目做了前期策划，3 月份 A 项目立项，4 月份 A 项目启动……

这样的年终总结，很多人听完都会崩溃，是不是？

前几天，有一位 IT 公司的中层管理人员找我做一对一的辅导工作，辅导的内容就是她 2018 年的年终总结。从她交上来的文稿可以看出来，她在 2018 年的工作内容非常多，一看就是一位特别能干的中层领导。

可是总结中的问题也很突出，她对自己一年来的工作表述都是概括性的。比如说，"这一年我一共接手了 32 个大小项目，还协助同事完成了 12 个项目"。

我发现这份总结恰恰缺少了具体内容的表述，四五页 A4 纸的年终总结听下来能记住的亮点不多。那么，出现这一问题的原因是什么呢？就是概括性的表述过多了。虽然她做了具体的事儿，但是她在表述这些具体的事儿时也用的是概括性的表述方式。针对这样的问题，首先需要解决主讲人自己对于年终总结的表达诉求是什么。

在了解了这位中层领导的表达诉求之后，我给出了一个解决之策：故事法。

当我提出这个意见的时候，对方的第一个反应是：老师，年终总结还可以讲故事吗？在她的印象当中，年终总结就是一份最高规格的工作汇报。事实上，最好的年终总结里面一定要有故事、细节、画面和数据。在有限的时间内，把自己这一年做的事情进行情节化、故事化的处理，这样听的人容易产生共情，也就更容易听你说下去，进而也会更容易记住你的亮点了。

说到故事法，就必须说一下如何讲故事了。一个故事可以说 5 分钟，也可以说 30 秒，故事的长短跟讲话的时长，还有整个讲话的内容中不同材料的占比有关，最为关键的是要有情节、细节以及人物。对话是构成故事主干的核心要素，是语言表达中讲故事的重要组成部分。

结合那位 IT 公司的中层领导的实际情况，最后我们选择了三个故事。第一个故事，主要是介绍年度最大竞标中关键一分钟发生了什么。在这场竞标中，他们公司与竞标公司提出的条件其实是差不多的，如果他们不能马上调整条件，突出自己的竞争优势，那最后的结果很可能就是流标了。当时留给这位领导做决策的时间只有不到一分钟，但是她在这个关键时刻迅速想到了办法，给出了决策。与此同时，她通过眼神向同事传达了决心，让同事不要害怕，不要摇摆，最终赢得这场重要的竞标。

在总结中，她把这一分钟如何抉择、如何跟同事交流、事情的紧迫感等都介绍得非常详细。作为领导，她的快速决策能力一下子就被这个故事放大出来了。

第二个故事，选择的是她所在的部门与竞品的一次较量。讲这个故事的时候，她特别强调当时情况的危急。正当她跟客户对接的时候，她的同事打来电话。她在讲故事的过程中，把销售的同事跟她打电话时那种急切的心情都表述得很清楚，也把广告商对他们的要求讲得非常仔细。

所以在这个时候，她主要讲的是自己如何专业化地处理复杂的情况。因为这样的复杂情况在他们公司的业务发展当中比较少见。

另外一个小故事是什么呢？她讲的是公司新入职的同事在医院一边输液一边对接工作的情景。这个故事想要说明的是企业的文化，就是年轻人刚步入职场那种全身心投入的精神给她留下的深刻印象。

年终总结归根结底不是故事会，所以不要忽略工作成果的展示。比如，我辅导的这位 IT 公司的中层领导，她除了讲故事之外，也把工作中的一些数据性的东西呈现了出来，恰如其分地展示出了自己的工作成果。

### 第四种：数据法

工作其实是需要量化的，最好的量化方法就是数据，所以，数据法是年终总结工作量化的最好呈现方式。既然是工作量化，最重要的就是信息可视化的问题，也就是说，需要使用图表或者动画。从制作成本上来说，图表比较简便易行。

这里需要提醒大家的是，图表的规格要考虑到 PPT 播放的效果。图表过于细小密集的话，现场的观众不容易看清。所以，如果想利用图表的话，最需要考虑的是数据的可视化以及易懂性，否则就是主讲人能看得懂，观众却犹如看天书一般了。

在本节中，我讲了四种年终总结的方法，它们分别是：项目法、时间轴法、故事法和数据法。这四种方法为不同的表达内容所服务，你可以使用其中一种，也可以相结合地使用。

年终总结是你在领导和同事面前最重要的一个亮相，也是你向其他人展示自我的一个非常重要而关键的机会。如果把握不好这个机会，对你来说，这一年的辛苦就付诸东流了。把握好这个机会，你所有的呈现会给你的领导或同事非常深刻的印象，所以一场漂亮的年终总结能为你的人生格外加分，一定要做好最充足的准备。

## 活用"Yes and"：
## 不委屈自己、不伤害他人的高效沟通法

在职场中与领导和同事就工作事宜进行沟通是我们的常

态。有时候，因为一件小事，团队间竟然需要沟通一整天，低效的沟通耗尽了彼此的工作热情；但也有这样的时候，一件很重要的事，反而在几分钟之内三五句话就搞定了。同样在对接工作，有的同事说着说着就会大发脾气，有的同事却可以轻松拿下，这是为什么呢？

关于职场沟通，我询问了那些身在职场的学生与同事进行业务沟通时，哪些人最容易沟通，他们都有哪些特点，得到的回复五花八门。

其中一个学生跟我分享说："我们公司有一个人特别厉害，从没见他跟同事因为讨论工作而争执不休，似乎总是顺顺当当地就把事情沟通好了。跟我们沟通的时候，他经常会说'好呀''没问题''这个想法不错'。即使有些时候有的人提出的需求很明显是不合理的，他也从来不直接驳回。表面上看，他好像都是顺着对方在说话，但是妙就妙在进一步沟通的时候，由于他是站在同意对方立场的角度上去说话，能够把控讨论的主动权，经常让发言人自己去发现问题、推翻想法，最终讨论的结果更偏向我这位同事的想法。为此我感到很纳闷，为什么同样的话，他总是说得比我高明？"

这位让我的学生赞佩不已的同事，使用的就是"Yes and"沟通方法。

为了降低职场的沟通成本，提高职场的沟通效率，你需要学习"Yes and"的沟通策略。

下面我们来了解一下"Yes and"是一种什么样的沟通策略。

"Yes and"的理论是即兴表演的核心。即兴表演训练不仅是戏剧演员的必修课程,也受到各类人群的追捧。身在职场,想在每一次沟通中高效地达到自己或者团队的目的,不能忽视的就是即兴表达的能力。"Yes and"是一套非常成熟的即兴能力的训练方法,主要就是训练你快速反应的能力,特别是带着幽默感面对工作挑战的能力。

"Yes and"理论中的"Yes"是认同并接受对方给你的前提条件,"and"是你在接受这个条件的基础上增加自己的想法和内容。那么,如何活用"Yes and"这个核心理念呢?有一些这样的具体步骤。

首先是"Yes"原则,认同并接受对方给你的前提条件。

达尔文曾经表达过类似的观点。他曾说,在漫长的人类史以及动物史上,占优势的永远是那些能够学会合作和即兴发挥的物种。

职场中的合作最直接地体现在语言沟通上。如果可以在比较短的时间内达到最有效的沟通,沟通双方都会产生积极愉悦的心理感受。无论遇到什么要求或者想法,要尽可能接受所有的邀请和建议,赞同别人的想法,加入到他们的计划中去。多说"是的""好呀""行""没问题""我愿意"等，用一切能想到的方式表达你的肯定和认同。

当然，我不是在教大家去做职场上的老好人，没有自我判断，没有原则，盲目顺从他人的意愿，而是希望你在与他人沟通的时候学会使用"Yes"，通过说"Yes"提高沟通的效率。对所有的事都说"Yes"无疑是不现实的，但请你尽量多说一些。说"Yes"是一个支持别人，并且要去付诸行动的举动，可以帮助我们避免出现"拒绝"的问题。

拒绝，是在职场表达中最容易出现的沟通行为。"这样不行""你说的不对""这事我说了算啊"……类似的话，你是不是听得特别多呢？其实，直接拒绝是职场沟通最大的损伤。

拒绝的形式有很多，比如回避某项工作的讨论，切换到其他主题来讨论，试图打断别人的话语，纠正别人的想法和观点，提出自己的观点。我们经常会在无意识中使用"拒绝"，很多人以为直接拒绝是提高沟通的有效手段，但事实是，直接拒绝最容易出现争执，更容易让交流双方转移注意力，从当前的议题转移到个人情绪以及对人的惯性评价上。所以，拒绝对沟通与交流的损伤是最大的。

尽可能地说"Yes"，除了避免出现拒绝的伤害之外，它还会带来两个好处。第一个是向对方传达了一个友好的信号：

你说的我都听进去了。这样就达到了同情同理的交流效果，方便让对方感受到自己被充分地理解，给谈话的氛围定下了和谐友爱的基调。在这个基调上，你再提想法，对方才能够容易接受。另一个好处是有利于自己及时调整思维，从而更好地去说服对方。

在现实工作中，阻止我们使用"Yes"原则，让我们无法去接受和认同他人想法的因素都有什么呢？那就是"先入为主"和"脾气秉性"。

职场沟通中，每个人都是抱着自己的想法与他人进行沟通的，这样的沟通前提容易使我们陷入"先入为主"的认知里。我们经常说："唉，我的想法是最靠谱的，你的想法不行啊。"对于自我想法的笃定，是我们与其他人沟通时的障碍之一。

在沟通中，你还需要考虑到每个人的脾气、个性等因素，在沟通中发挥作用的未必是意见本身，还夹杂着人与人之间的个性较量、脾气是否相契合等情感因素。比如在你的印象中，同事小张考虑问题永远是格局小，缺少全局观，过分注重细节。你在与他就一些工作事宜进行沟通的时候，就会不自觉地将你对他的印象代入进来。但是，如果一个人总在其固有的思维里想问题，就很容易钻牛角尖了，也难以出现新思路。所以只有坚持多说 Yes，你才有可能进入到更广阔的思维世界里去。

比如，某公司要进行年终总结。老板希望这次年终总结大会形式上有一些创新，希望几个部门沟通协调，最终做一个策划案出来。开会前每个人都会想一些亮点和创意，再去进行头脑风暴。头脑风暴时，有人建议加入一些抖音玩法，增加趣味性；有人建议在年终总结后做一个评奖环节，请公司的领导、员工代表或者高校专业教师来做评委，把年终总结作为一项集体活动来举办。

这些建议里，有的创意听起来似乎有些不靠谱，有的创意听起来很有意思，但是执行起来有难度。比如加入抖音元素这个建议，你可能会觉得不太靠谱，可能会提出反对意见："抖音的玩法放在年会上比较合适吧，年终总结需要严肃一些。"那对方很可能就会说你缺少突破精神。

但如果你这样说："加入抖音元素是个很棒的主意，这样可以活跃现场气氛，我很支持，但需要考虑一下，抖音这部分是放在活动的开头、中间还是结尾呢？"那么，对方会觉得你非常支持他的建议，会在心底感激你，同时，也会对你提出的建议进行思考。

这就是"Yes and"中的"Yes"原则，认同并接受对方给你的前提条件。

说完了"Yes"原则，接下来说一下"and"原则。"and"就是你在接受对方想法的基础之上，表达自己的想法和观点。

通常来说，我们常用"and"表达自己的想法，拿回沟通的主动权。"and"原则考验的是一个人如何在同意对方的意见之后，依据对方意见进一步推进沟通的进程。

你说话比别人高明的原因是，你首先尊重对方的想法，站在对方的意见基础上发表看法，而不是直接拒绝对方。虽然你是站在对方的意见和看法之上进行沟通，但这并不代表你是放弃自我，完全听从对方的。因为当你站在对方基础上发表意见的时候，你可以帮助对方发现他们所提说法的问题所在。

我们还以年终总结加抖音的建议为例。在前面，你提出了关于抖音放在整个活动哪个部分的问题。如果同事的回答是放在开头、中间和结尾都可以活跃气氛，而你对此仍有所顾虑，那么，接下来怎么说才能让同事打消想法呢？

继续使用"Yes and"沟通策略。先说"Yes"，你可以这样说："你的加入抖音元素的想法非常好，放在这样的场合可以活跃气氛，抖音的动作也比较简单易学，大家来参与也不会觉得很难。"先做好情感铺垫，接下来用"and"加入你的个人观点："那么，我们现在可以凑出来这三段抖音的舞蹈动作吗？如果只有一段的话，那咱们就放在中间部分；如果有两段的话，就可以放在中间和结尾部分。"这时候，你的缜密想法可以帮助你的同事发现他个人思考上的漏洞。

这样，你的主动表达有效地控制了讨论的方向，引导对方按照你的想法去执行。

在整个讨论的过程中，你始终站在对方的角度考虑问题，并且主动把控讨论的框架，让其他人在框架内进行交流，这就是"Yes and"的价值所在了。这样一轮讨论下来，既有效地解决了创意问题，又保证了年终总结的正式性。沟通在融洽的气氛中结束。

## 补救意识：话说错时能自救，补偏纠正显本事

2018年2月8日，在湖南卫视小年夜晚会直播现场，一段插播广告中，一位男主持人因为口误把赞助商的名字说错了，误将"交通银行"说成了"招商银行"。主持人梁田立刻说那位男主持人的女友有一张交通银行的银行卡，火速救场。

我的学生梁田作为专业的主持人，直播时听到了同事口误，她没有直接指出对方的错误，因为直接指出肯定将对方逼到了墙角，对于挽救现场没有一点儿好处。她在对方口误的基础上，巧妙地以将错就错的办法救了场。她的补救意识

挽救了自己的同事，挽救了湖南卫视的小年夜直播，也为电视台挽救了损失。这次救场也成为她个人职业生涯的转折点。

身在职场的你，虽然不需要面对类似主持人梁田所遭遇的情况，但也免不了要与同事合作，一起完成对外沟通的工作。比如与客户沟通谈判，向领导做工作汇报，或者是与某些部门协商一起完成某个大项目。

在上述这些情况中，你的表达代表的就是一个团队，甚至是一家公司。所以，具备挽救意识，不要让自己说出去的话成了给自己和别人挖的坑，是很重要的。即使是你的搭档因为一时疏忽不小心说错了话，你也要学会聪明地跳过去，保证整个项目能够顺利进行，让自己处于一个安全的职场生存环境中。

既然表达中挽救意识如此重要，那么如何建立挽救意识呢？如何使用补救原则呢？下面我把训练播音员和主持人的方法教给你。

要想做一个语言表达的"消防员"，首先要做到信息的自我过滤，也就是我们在说话的时候，对于自己说出的每一句话要负责任。

前些天，我给某集团的优秀员工做培训，课上我们做了一个小练习，就是总结自己所在部门年度的工作亮点。练习中，一位 30 岁出头的小伙子的总结，就体现了自我发现火苗的能力。

他是这样说的："我们部门这一年干了两件大事，其中一件是'628 项目'，这个项目在国内同行业中处于领先地位。准确地说，我们的'628 项目'的部分技术在世界同行业中都处于领先地位，我们为此感到非常自豪。"

在他发言之后，我问他："当你说完这个项目在国内处于领先地位之后，你还说它在国际上也是处于领先地位的。这个信息点是你之前就准备好的，还是在说的时候才意识到，于是马上补上来的呢？"

小伙子说："我们开会的时候，项目领导一直强调的是国内领先，但是我们团队的张工是国内屈指可数的专家，他有一次私下里跟我说，我们'628 项目'中的部分技术已经达到了国际领先。我在事先准备的时候把更多的注意力放在整个项目上，部分技术在世界范围内领先这一点忘记了。在课堂上做练习的时候，我发现自己漏了这一关键内容，所以后来我赶快补救上来了。"

要想真正做好表达，我们不只要时刻关注自己说的话，如果需要跟搭档一起工作的话，也要死死地盯住搭档说的话。通常来说，与他人一起合作，我们按照职责各管一段即可，但是，这样的工作模式有一个先天的缺陷，是什么呢？彼此容易不了解对方的表达内容，对于概念的表述、定性的表述、核心数据的表述无法做到完全统一。所以，深度了解并掌握搭档的内容是合作性表达的前提。只有这样，才能及时发现表达中的"火苗"。

记得有一次，我给一家上市公司的高管做培训，高管们要在一周后的发布会上就公司最新战略发表演讲。课堂练习的时候，有一位高管总是说错关键词，比方说"内容迭代"，他总是说成"思维迭代"，关键是他自己说错了，还完全没有意识到。在这位男高管后面发言的是一位女高管，她发现前面同事表达的口误，一上来就开了一个玩笑，她说："我们张总对于这次公司战略发布特别重视，在说内容迭代的时候呢，他特别清楚，只有思维迭代才能完成内容迭代。他把自己的心里话都说了出来，作为东北人的他，什么产品他都可以整明白的呀。"

后来在点评课堂展示的时候，我就表扬了这位女高管，表扬她具有补救意识，表扬她具有发现"火苗"的能力。所以，在团队合作时，团队中的每一个人对于工作内容，特别是一点儿都不能出错的核心内容，必须要做到全方位把控。

那么，发现了"火苗"之后如何扑救呢？这就涉及具体的补救原则了。

补救原则的第一条就是发现错误，第一时间救场，第一时间救火，见死不救要不得。如果发现自己表述时说错了，必须第一时间救场。很多人会错误地认为自己补救实在是有些丢人。在这里要提醒你的是，明明知道自己说错了，还不第一时间自我改正，这样的想法才是错误的。

前几天，某互联网公司的一位高层在产品发布会上第一个出场做演讲，他是这样说的："今天，我要认真地感谢各位媒体朋友。北京今天刮了七级大风，特别冷，你们还赶来报道我们最新的上线产品，所以我要特别认真地谢谢你们。"

当时我在看直播，听这位高管说这段话的时候，就觉得不对劲，心想："你这次认真感谢，那说明之前你都是不认真的了？"显然，他在说这段话的时候并没有意识到自己措辞不当，更没有意识到这么说会给别人带来不舒服的感觉。

如果他说"今天我要认真地感谢各位媒体朋友。说到认真，我想表达此时此刻说这番话的我发自内心的想法。北京今天刮了七级大风，特别冷，你们还赶来报道我们最新的上线产品，我要特别认真、诚挚地谢谢你们"，可能就避免了让人误会。很遗憾的是，这位高管没有意识到自己措辞不当，也没有巧妙地挽救。

那当你发现自己说错话了，如何自己补救呢？

有一次，我为一家企业的员工做培训。有一位员工在做练习的时候就提前跟我说："宋老师，我很苦恼自己总是记不住内容，在家练习的时候出错率就特别高。"当练习进行了三四十秒，这位员工就开始出现口误，越担心说错，这口误就越跟着他。面对同事，他觉得自己特别没有面子，最后竟然紧张得说不下去。这时候，我接过话茬儿，一点点带着他说，最后的 3 分钟他已经可以完全独立地说下去了。训练完，我帮他分析问题，告诉他，发现自己说错了，只需要立即自我救场就可以了，内心戏不要太丰富。一旦自己的注意力不在内容上，口误的情况会越来越严重。发现自己表达口误最有效的方法就是第一时间自我救场，第一时间说出正确的表述。

在工作中，当发现自己的领导或者是同事表达错误时，我们常常会这样想，如果直接当面去救场，太不给对方面子了吧。其实，这时候我们需要反过来想一下，把错误的信息传递出去的损失与领导、同事的面子相比，哪个更为重要呢？因此，第一时间发现错误，第一时间改正是最合适的处理办法。

当搭档出现了错误，你直接指出来，并且做出纠正，显然是不太恰当的。那么，到底该怎么做呢？这就需要你掌握补救原则的第二条：救别人的场，幽默捧场最恰当。

当发现自己的同事或者搭档说错了，最棒的补救策略就是将错就错地幽默一把。有一次，我去做一场以高铁通车为主题的直播节目，在直播的时候回答主持人的提问。主持人问道："宋老师，您看动车开通之后，使得我省人民的生活半径扩大了，去北京一个小时就到了，这样的出门方式对于带动消费有哪些商机呢？"

主持人把"高铁"说成了"动车"，这显然是一个口误。我听完后立刻接过话茬儿说："昨天我来咱们这里坐的是动车，今天回北京我可就要坐高铁了。一时半会儿我们还真是有点反应不过来，对吧？这不是岁数大了，而是出行方式的快速发展，让我们有些应接不暇了呀。"

一听我这么说，主持人立刻发现自己口误了！他机灵地接着说："要不是宋老师出手相救，我这位主持人可要粉身碎骨了，不行，我还没坐过高铁呢，这骨头还得留着。"

后来下了直播，我问他："刚才是怎么回事啊？"他说他之前没有意识到自己说错了，当他听到我说的时候才发现说错话了，于是他说，与其自己假装不知道，骗过去，还不如自己上来幽默一把，这样处理直播效果一定会更好。果不其然，台领导直播后总结的时候特意说到了他这一段，他个人也因为这场直播报道的优秀表现获得了单位奖励。

最后，我还想提醒你注意一点，当我们发现自己或者是搭档出现错误的时候，一定要尽力去挽救。但是，如果拿不准，有些话最好不要说，因为说了不仅起不到挽救的作用，反而还会让自己陷进更大的坑去。

生活中，相信你会经常听到有人在发现自己说错话的时

候给出一句这样的解释："我这人说话不过脑子的。"这样
的言语看似是讲话的人对自己表达错误的一个解释，但是潜
台词是希望得到对方的原谅。事实上，这对于解决表达不当
引发的"车祸现场"，没有一丝正面的作用，反而让人觉得
你是在为自己的错误开脱，没有真正从内心做到自我批评。

　　还有一句话不要说，就是"我这人说话比较直"。这通
常是在职场上，有的人不考虑现场情景，任性说话之后给对
方的一个理由。

　　我的学生在台里做主持人，他们那个节目的制片人是重
庆人。这位制片人最喜欢挂在嘴边的一句话就是"我从小是
吃火锅长大的，脾气暴得很"。他的意思就是说我从小是吃
火锅长大的，脾气暴得很，所以你们不要往心里去。

　　这位可爱的制片人以为自己把理由说出来，其他人就可
以按照这个理由去理解他了。事实上，这是他个人想当然的
行为。不是你把"自己说话直"正大光明地说出来，别人在
面对你的指责时就可以原谅你。

　　在职场上，无论是跟同事沟通日常工作，还是跟客户介
绍自己公司的最新产品，只要张嘴说话，谁都不敢保证自己
说的每一句话都是对的。在错误的表达已经发生的情况下，
只有具备了补救意识，利用补救策略巧妙地转危为安，才能
保证你在职场上得到更好的发展。

# "意见领袖"：成为高效组织会议的主导者

职场上很多工作是需要开会才能进行的，有些会议是由明确的负责人组织召开，有些会议是几位同事凑在一起临时召开的。一般来说，会议的类型无外乎这么四类：公司例会、方案讨论会、工作部署会以及复盘会。

大家最讨厌开"长尾巴会"和效率低下的会，最不喜欢开会的时候群龙无首，随便发言。造成以上这些问题的原因，就是会议缺少能够把控会议进程、推进讨论流程的主持人。优秀的主持人一定是一位优秀的意见领袖，是小组讨论的主导者，可以让会议高效完成，是职场上最不可或缺的人。那么，如何成为这样一个人呢？他需要具备哪些能力呢？

## 第一，要有时间观念

会议主导者，从某种程度上来说必须是一个"时间控"。因为以时间作为硬性标准来把控讨论会，是提升会议效率的关键所在。

### 第二，要有逻辑思维能力

很多时候，我们希望各种思维可以在会议上相互碰撞，带来无限的创新想法。但是，七嘴八舌的讨论很有可能将主题带偏，这就需要会议的主导者把控目前团队讨论的主题，把控讨论的焦点和层次。

主导者任何时候都可以把大家乱七八糟的思路重新拉回到讨论的主线上来，同时可以把讨论的内容快速整理出来，为下一层级的讨论做好准备。

### 第三，要有听辨能力

主导者的工作内容就是听取小组成员的观点表达，根据每个人说的话整理出每一个提议的讨论结果，最后将这个结果以文字或者口头的形式汇报给上级领导。基于这样的工作流程，主导者必须具备比较强的听辨能力。

### 第四，要有人际沟通能力

在整个讨论过程中，主导者的身份角色比较多元。讨论的主导者，首先是一场讨论的组织者，同时根据讨论的进程和现状，也会成为进程的把控者、思路的坚守人以及讨论的总结者。在会议的不同阶段，会议主导者还需要在这五种角色中来回变化，目的就是为了快速、高效、优质地进行讨论，最终取得最好的讨论结果。

想要同时扮演好会议上的这五种角色，会议主导者需要具备扎实的沟通能力，保证大家在会议上都能够充分表达自己的意见，并且协调好每一个人的发言节奏，这样会议才能够有条不紊地进行下去。

### 第五，要有语言表达能力

不是所有人都可以把若干个团队的成员七嘴八舌的话，在较短的时间内有逻辑、有层次地梳理并表达出来。但是，会议主导者就需要具备一定总结和提炼的语言表达能力。

说完了主导者需要具备的五种能力，接下来就是如何完成主导小组讨论的工作了。下面从七个方面说一下。

### 第一，在适当的时候表明自己的角色

同事之间就某些议题进行讨论，很少有人意识到这时需要一位意见领袖，也就是一位可以主导这场讨论的人。当大

家还在想怎么讨论的时候，你就要为担当主导者这一功能化角色做好心理准备了。

小组讨论人员到齐，大家你一言我一语地说着跟议题有关想法的时候，就是你站出来表明角色的时候了。这时候你可以这么说："各位，为了保证咱们今天讨论的高效，我临时做个主持人好不好？这样可以让讨论有序进行，对讨论的结果做一个梳理，方便咱们给领导做汇报。"

这样说的作用，主要就是为了体现主导者这个角色的功能性和服务性。

### 第二，宣布讨论的规则

所谓的宣布，其实更多的是明示出来。争取到主导者的角色之后，接下来你需要让自己在讨论中发挥作用，那就是制定一些小规则。比如指定时间规则，在正式讨论之前，你可以说："这次讨论我需要计时，在议题规定讨论时间结束前3分钟，我会提醒一下大家。"在单独发言时，你可以说："咱们每个人的发言时间是3分钟，我会提前1分钟提醒发言人。"

类似这样的讨论规则需要明示，保证每一位参与讨论的同事知道如何参与到由你作为主导者的讨论会中。

### 第三，做好记录工作

把每位成员发言的关键内容记录下来，是主导者工作的重要内容，有助于主导者在组员发完言之后，根据对方的观点提出疑问或者较高的要求。

### 第四，讨论气氛的调动

关于工作议题的讨论，远远没有聊明星八卦那样让人兴奋，对吧？所以，调动团队讨论的气氛也是主导者需要注意的地方。特别是议题的讨论遭遇瓶颈的时候，或者是讨论进程无法进行的时候，主导者可以根据议题的难易程度以及团队的讨论现状，对于某个议题是否继续进行讨论做一个判断。

你可以设置一个中场休息的决定，就是暂时搁置一下议题，先把精力放在其他议题的讨论上，等到整个讨论会快结束的时候，再把这个议题拿出来，进行第二次短暂的讨论，总结一下大家的意见。

### 第五，留意那些发言少的同事

你作为议题讨论的主导者，除了要随时注意讨论氛围外，还需要留意那些发言少的同事。主导者需要鼓励在场的每一位成员发言，对讨论都要有所贡献，这是会议主导者一项重要的工作。但是，硬生生地点名发言显然不太好，你是会议主导者，可不是学校里的老师。当需要转换话题的时候，你可以这样说："小刘，刚才看你一直在认真写，我们想听一听你的意见呀。"

这样的表达有两个作用。一个是让讨论的议题的意见来源更加丰富，正所谓"多一个人就多一个思路"；还有一个作用，就是体现你的人文关怀，你对每个人状态的关注，你的组织管理能力等。

## 第六，做好总结工作

小组讨论的主导者最重要的工作，就是讨论结束后完成总结陈词的工作。在总结的时候，怎么说才合适呢？逻辑性、条理性当然是必不可少的。

你可以按照发言人的顺序分别进行总结，最后再给出你的判断。比如今天的讨论会一共有四个人参加，在每个议题的讨论总结时，你可以这么说："第一套议题是关于年后最新项目的推进工作。小张是这样说的，建议增加外联导演，用于加快拍摄工作；小李的想法是需要再加一个摄像老师，目前两个机位不够用；小王的意见是考虑到人手不足和经费问题，建议可以到学校多找一些实习生。我本人的意见是小王和小李的意见最重要。主要原因有一……二……三……"

你这么说下去就可以了。

当然，你还可以总结每个人的发言。比如："我们小组经过讨论认为拍摄进入到实质阶段之后，有两部分人需要增加，一部分是摄像老师，另一部分是实习生。我们需要新增加五个实习生，如果可以的话，再增加一位外联导演。"

当然，在小组成员面前做完总结之后，有一点很重要，千万不要忘记向在座的成员再次确认一下他们的发言内容，确认你总结的内容和他们真正想表达的是不是一样的，确保没有遗漏掉重要细节。你可以这样说："以上是我的总结内容，在座的各位可以看看我刚才的总结是否把你的意思表述清楚了，另外，各位还有什么需要补充的吗？"

### 第七，主导过程中的礼仪

在讨论过程中，难免会遇到磕碰和分歧。

从表面上看，人人都在参与小组讨论并发表看法，但是，在意见听取的过程当中，观点是否被接受还会跟双方的私交有关。一般来说，彼此之间更友善、更熟悉或者关系更亲密的人，更容易接受对方的观点。也就是说，即便是只有几个人参加的讨论，也会形成"站队现象"。特别是讨论的内容跟讨论者有着直接利益关系时，人们更倾向于发表对自己有利的观点，而不是对工作有利的观点，这些都是非常正常的事情。

讨论会是同事之间交换意见的一个机会，也是求同存异的过程，讨论最终会形成一个结果，这个结果是参与讨论的几个人的共识，出现意见不一致的情况是再正常不过的了。作为主导者，你需要有包容不同意见的能力，需要站在更客观的角度去评析问题。

以上这些情况，就是需要主导者在组织讨论的时候注意的地方。

总结一下，本节主要介绍了成为主导者需要具备的五种能力（时间观念、逻辑思维能力、听辨能力、人际沟通能力以及语言表达能力）以及在履行主导者角色时需要注意的七个方面（适当时候表明自己的角色，宣布讨论的规则，做好记录工作，讨论氛围的调动，留意那些发言少的同事，做好总结工作，以及主导过程中的礼仪问题），希望大家通过这些内容的学习能够成为一名名副其实的意见领袖。

# 黄金 15 秒表达术：
# 如何在 1 分钟之内让最挑剔的客户抬起眼

在职场很多场景的沟通与交流中，起决定性作用的往往就是那几句话，甚至就是某一句话，瞬间就直击对方的内心深处。

央视著名的节目主持人白岩松说过，无论多长时间的直播，他最看重的是直播前的 10 分钟，更准确地说是直播开始的第一分钟。因为开头顺了，后面直播的心态就要好很多。

我的一位学生小张从电视台辞职后，去了一家互联网公司做内容总监。新东家要试一试他的业务能力，于是老板带着小张去见了一位特别难伺候的客户。

谈及自己的表达策略，我的学生小张说，客户一进会议室就一直没有正眼看过他们，他在发言前心里想，一定要让这位刁钻的女老板抬起头来，正视他们的策划方案，必须要做到一言既出，必有回响。没有这样的决心，那就成不了事儿。

小张说，必须在第一分钟就把客户拿住，拉近自己与客户之间的心理距离，只有这样，剩下的两分钟才能让对方在心里更加认可自己的方案。因为客户只给他 3 分钟的表达时间，他说自己之所以能够拿下这位刁钻的客户，所有的成败其实是在第一分钟，准确地说，关键是开场的那 15 秒。为什么呢？他提到了客户公司最新产品涉及的话题——乳腺癌。

他当时是这么说的："现在乳腺癌发病率很高，尤其是年龄段比以往提前了许多。很多年轻女性即使受过高等教育，对于乳腺癌所掌握的相关知识仍十分匮乏，让人很震惊。"

小张说完这句话，原本低着头的客户立刻抬头看他，眼睛里也露出了期待的神情。最后，小张顺利地帮公司拿到了这位大客户的订单。那么，小张的这 15 秒表达策略的灵感是怎么来的呢？

他说，他一进他们公司就看到走廊里有这个乳腺癌的宣传画，从宣传词上来看是他们公司最新的产品，于是就把发言顺序和同事做了调换。另外，他还在 PPT 前加了三张跟乳腺癌有关的图片。做好了这些准备工作，他就"开门唱戏"，直奔主题了。

由于使用了正确的表达策略，在一开头，他的发言就抓住了用户的核心需求。他这第一次的亮相特别漂亮，让自己的老板也刮目相看，为他在新公司的工作打开了局面。

其实，无论是我的学生小张还是主持人白岩松，他们都极其重视短表达的传播效果。而想要在 1 分钟内表达有效，就必须学会 15 秒的信息表达法，也就是短话轮的表达法。短话轮，就是只在十几秒时间内说完某些信息或表达完某种观点，这些信息和观点一定要让人一听就懂。通俗点来说，就是尽量说短句子。

说完了"15秒表达术，拿下大客户"，接下来我们说一下如何用"15秒表达术"来传达完整的信息。一般来说，我们1分钟大概可以说270到280个字。也就是说，在15秒内，我们大概能说60到70个字。想要提升自己的话语质量，可以把15秒作为一个语言单位来表达一条完整的信息。你可以通过一个个的"15秒"，不断练习用精简的语言传达信息和表达观点，保证自己在表达内容上的完整性和清晰度。

"15秒表达术"很重要的一点是提高效率，直达沟通对象的内心，达成沟通目的。那么，如何运用"15秒表达术"才能有效表达呢？下面是几条具体的操作方法。

## 第一类：用"15秒表达术"做说明类表达

说明类表达主要是通过介绍事物的形状、颜色、结构等基本的物理性质的信息来传达意思，在15秒之内尽可能地把想要表达的主要信息说出来。比如说，你想要介绍一款公司最新上市的保温杯，想要在最短的时间内让你的策划案打动客户，你可以这样说："小心烫着哟！6个小时前倒进杯子的热水，现在你打开一喝，可是要把舌头烫掉的哟！水温足足有 88 摄氏度呢，杯胆采用的是 304 不锈钢工艺，超长时间保温就靠它了。"

你看，这短短的 68 个字，主要就是围绕杯胆的材质，以及这种材质的优点来进行说明的。这几十个字的主要目的就是为了说明保温杯的保温效果，通过材质来进行说明，把保温杯最核心的卖点"长时间保温"这个重要信息点给介绍出来了，让人能够很快听懂。

除此之外，如果是需要描述人物或者场景，那你的说明中还可以加入描写性质的内容，比如细节的具体刻画等。

### 第二类：用"15 秒表达术"做议论类表达

职场中的表达以议论类为主，也就是说，在职场上，你需要表达独立的见解和给出支持见解的例证。议论类的"15 秒表达术"需要阐述某个观点，并给出相应的论证过程。

以前面小张的那段开场白为例。

"现在乳腺癌发病率很高，尤其是年龄段比以往提前许多。很多年轻女性即使受过高等教育，对于乳腺癌所掌握的相关知识仍十分匮乏，让人很震惊。"

小张这段就是典型的议论类表达，他给出的观点是现在乳腺癌发病率高。接下来，他进一步说，很多受过高等教育的女性所掌握的相关知识也是很匮乏的。虽然只是短短的两句话，但是他通过递进的论证方式提出了观点，并对其进行了有力的论证。

议论类表达可以使用的方法，就是开门见山亮明观点，给出相应的论证。可以这么说，直接是这类表达的灵魂，不需要迂回的解释与铺垫。通俗地说，怎么痛快，咱就怎么来。

### 第三类：用"15秒表达术"做记叙类表达

职场中很多场景是需要讲故事的，讲故事需要用到记叙性质的表述。

在使用"15秒表达术"讲故事之前，你要做的第一件事就是做一张人物关系图，做好故事发展脉络的梳理工作。然后，在人物关系图的基础之上构建故事情节，把故事串联起来。

在15秒钟内，你要抓住的故事重点有以下四点：

1. 人物的心路历程；

2. 事态发展的前因后果；

3. 事件的发生发展过程；

4. 最后的结果。

比如你要讲述公司拍摄广告的一段小插曲，来间接证明公司在摄影师选取上眼光独到。按照上面提到的表达重点，你可以这样说："我们邀请了国内的新锐摄影师小李为这款产品的代言明星拍照，起初这位明星不太好合作，但当他在茶歇时看到小李拍摄的照片后，顿觉惊诧，欣赏不已，不仅后面拍摄非常配合，还立刻邀请小李为自己拍平面广告。"

　　说完了这三种表达类型，相信你对"15秒表达术"已经有了比较全面的认知。需要注意的是，当你在连续使用四个15秒钟的时候，千万不要认为你所说的内容就是简单的内容叠加。实际上，使用"15秒表达术"之前，你需要有一个清醒的认知，表达最重要的就是言之有物，少说感受，多说信息。

　　高效的生活节奏要求我们在与人沟通时也要做到高效，伴随高效的一定是限时表达。因为时间限制不仅施加在主讲人身上，同时也施加在主讲人试图说服的交流对象身上。想要利用表达改变一个人的看法，首先要引起他的关注。想让他持续关注你，除了要用好上面讲到的"15秒表达术"，还要注意一点，那就是在表达过程中，真诚的态度和诚恳的眼神也能为你加分。

　　在职场上，有些交流与沟通可以有机会反复去做，但是有些职场表达只有一次机会。面对这样仅有的一次机会，甚至是决定团队、公司命运的机会，对于主讲人来说，如何在短时间内表达出有质量的内容，就显得非常重要了。

# 口语修辞：如何让普通人听得懂专业内容

我曾为国内一家顶尖的学术单位做语言培训工作。课上做小练习的时候，一位研究人员提到了一个学术概念——"数据挖掘"。关于这个概念，她做了解释：我们在日常生活中点外卖时，点了什么菜，都会被平台记录下来。比如前天你点的是红烧牛肉面，昨天是宫保鸡丁盖饭，今天是麻辣烫。你还经常在一些菜品后面做备注，要求商家加麻加辣，不放香菜。作为用户，你的消费内容和消费细节都会被数据记录，同时也会成为数据挖掘时的研究内容之一。

总结点评时，我说："带有一定专业内容的表达，最需要注意的就是让不懂这个专业的普通人可以不费力地听得懂。"那么，如何才能让普通人听得懂专业内容呢？这就需要主讲人在内容讲解时注意口语修辞的使用。

刚才讲到的那位研究员，在解释"数据挖掘"这个比较学术性的概念时，就用到了类比的口语修辞方法。通过我们日常生活中触手可及、经常发生的消费行为——点外卖，介绍了数据的形成过程，以及什么样的数据会成为数据挖掘的重点。她用贴近生活的例子消除了专业概念带给听众的距离感。

专业性的修辞手法非常丰富，但是对于一般人来说，掌握起来有些困难。我把专业化的口语修辞手法与职场表达这一特定场景相结合，在此介绍三种适合职场语言表达的口语修辞方法。

### 第一种方法：比喻

在很多新闻中，我们都能看到"比喻"这种口语修辞方法的运用。在新闻记者的采访对象中，各个领域的专业人员占大多数。为了能让普通观众在看新闻的时候听懂专业人员说的话，记者在撰写新闻稿件或者采访时，最重要的职责就是做好"翻译工作"，也就是做好专业内容的语言转化工作。其中，最便捷的方法就是"比喻"。

央视记者何盈在一次做候鸟直播时，采访了一位鸟类专家。

何盈问，为什么早上我们必须离黑顶鹤群这么远？

专家说，清晨时，鹤的体温没有上来，如果我们贸然接近它，对它的身体会造成影响，所以尽量不要去干扰它。

听专家这么说之后，何盈说，这是不是有点像咱们人类早上正睡得香，有人突然掀你的被子，或者是啪地拍你一下，让你一激灵。在清晨的时候，鹤是最敏感的吧？

专家听何盈这么理解，连连点头，说了三个"对"字。

专家在回答何盈提问的时候，本意就是要进行科普性质的解释，可是专家的解释还是有些学术化，毕竟普通老百姓对鸟类的生活还是不了解的。这时候何盈将专家所讲的内容进行了通俗化的讲解，把我们日常生活中的体验以"比喻"的形式说出来，把鹤比作了人，观众瞬间就明白什么意思了。

利用"比喻"这一修辞方法的关键之处是找关联，找出专业性的事物与日常生活中我们熟知的事物之间的相似之处。

### 第二种方法：类比

类比是根据两个或者两类对象在某些属性、关系上的相同或者不同，推出它们在其他属性、关系上的相同或者不同的判断。要做类比的话，看似需要大篇幅复杂、严谨的论证过程，那么，它是否适合用在口语表达环境中呢？

其实，我们在职场表达中经常会用到类比的方法。比如介绍某公司的最新产品，尤其是科技含量较高的新产品，对于一些对新技术、新体验没有任何认知的用户来说，想要理解主讲人对于新产品的表述，只能通过已有产品的体验来理解。

举一个例子，今日头条在推出新社交 App "多闪"时，为了方便用户理解新产品的优势，主讲人在介绍时就结合了大家已经熟悉的"抖音"以及其他社交 App 的操作功能。她是这样说的："过去我们分享的路径，是用手机的原生相机拍摄图片或者视频，然后用修图软件处理，最后再在社交平台上发布出来。这就意味着分享是深思熟虑、精心挑选的结果。这其实是社交压力的体现，这种分享的核心目标是维持'人设'而不是真的记录分享我们的生活。从设计上，我们希望用户能够最快速地实现对于生活的记录和分享，把之前需要好几步才能完成的流程压缩到更短的时间内。打开多闪，最中心的按钮就是拍摄，拍完之后一键发送。这样你分享的时候有一个非常短的决策流程，顾虑更少，也不需要考虑'人设'，分享的压力更小。"

我们来分析一下她的口语修辞表达策略。多闪的最大特点是"减少分享的社交压力"，怎么说才能让我们去了解多闪是可以减少社交压力的视频产品呢？这一部分主讲人采用了类比的方法。从以往的产品使用路径由此带来的社交压力，引入到了多闪产品可以解决的社交压力问题上。

### 第三种方法：夸张

夸张是故意用一些比较夸大的表述来描述或者形容事物，这么做的目的是为了启发观众的想象力，进一步加强主讲人说话的力量感。在职场表达中，夸张手法的使用具有一定的鼓动性和煽动性。

由于夸张这种修辞手法强势有效，可以在最短的时间内达到对观众的强刺激作用，因此它有助于观众更加直观、有效地理解主讲人所说的专业内容。

TED有一期演讲，题目是《群体性孤独》，主要分享的是现代人们已经离不开微信与微博，社交网络平台让越来越多的人建立起了联系，沟通也看似越来越简单，但我们是否因此摆脱孤独了呢？演讲中有这样两句话，主讲人使用了夸张手法。

"我相信，并且想要向大家说明，我们正在放任科技，它将我们带入歧途……我们正在为自己挖陷阱，这个陷阱无疑会影响人与人之间的联系，同时也会影响我们和自己的联系，降低我们认识和反省自己的能力。"

"放任""歧途""挖陷阱"这些富有夸张意义的词语的使用，目的只有一个，那就是为了刺痛观众，立刻引起观众对于她所讲内容的关注。

在相对比较严肃的职场情景中，夸张手法的使用原则是适度。一旦超越了某些底线，小到项目无法进行，大到公司命运陷入暴风骤雨之中。保证夸张手法使用的原则，相对来说比较好判断，那就是不要在事实上夸张。

其实,专业化内容的呈现,还需要考虑的就是场景和文体。你想把专业内容讲给谁,针对不同的观众,你所要使用的表述方法就会不一样。观众不同,即便是同一套PPT,主讲人对于专业内容的解释也要有所不同。比如我讲语言表达,如果是讲给媒体从业者听,在专业词汇的表述上可以复杂一点;如果是讲给普通学员听,概念的解释要以日常工作、生活场景为主。

在这里,需要注意的一点是,即使面对同领域的专业人员,也要尽量采用通俗的讲话方式,减轻理解障碍。

我曾为一家技术公司的老板做过一对一的培训。在这家做区块链技术的公司,老板和一些高管经常要去参加一些论坛。他们来咨询时就问我,为什么他们每次在论坛上讲得津津有味,但是下面的观众听得稀里糊涂,到了互动环节现场更是鸦雀无声了。后来,我发现了一个问题,他们对于专业内容的表述,仅仅停留在专业解释层面,而不是专业科普上。虽然听众都是工程师,按理说,理解他们的专业内容不会有什么障碍,但是,要知道,研究越往高走,专业就会分得越细。而细分领域最前沿的研究,很可能就只有那么一小群人在关注,同时,也很可能只有他们能理解,所以即便都是相关专业的工程师,也可能会存在理解障碍。听完他们的试讲之后,我给出的处方就是建议他们多用比喻和类比这类口语修辞手法。

　　专业化和书面化的内容容易让本来艰涩难懂的内容更加难懂，所以说，如果想让非专业化的人听得懂，我们就需要多用口语化的表达。在使用口语化的表达时，多使用一些常用的口语修辞方法，会让我们的表达更接地气，更能打动观众的心。

## ⟨?⟩ 答疑解惑 2

**问题一：**宋老师好，我在每次即兴发言或者向领导汇报的时候，经常会"语言跑在前边，思维跟在后边"。在每次表达之前，我也想沉稳一些，可总是会不由自主地把语速加快，还经常发散性地去表达，导致跑题。请问有什么解决办法吗？

**答：**如果我遇到这样的学生，我的训练方法是这样的：首先让学生按照他自己的节奏来说话，同时把他的说话过程录制下来，等他说完之后，和他一起看回放。在看的时候，我会带着他一点一点地去发现问题，在每一处表达不准确的地方，按下暂停键，让学生自己说出来怎么改正会更好。然后思考当时说这句话的时候，他是怎么想的，如果现在来改，想怎么改。就是这样不断地去发现问题并改正问题。这样做的目的是什么呢？就是让学生意识到"嘴巴在前，思维在后"的表达方式会造成什么样的影响，促使他们养成"思维在前，嘴巴在后"的表达方式，保证话语质量。

要想让语速或者思维慢下来，你更需要的是心理暗示。说话为什么难学？很重要的一点在于，你是否有足够的心理暗示的能力。那些擅长表达的人经常会给自己一些心理暗示，在表达的过程中做好心理调整。当然，这种心态的调整需要你持之以恒地练习。

**问题二**：宋老师，每次即兴讲话，我就会大脑一片空白，没有任何思路，这样就导致我的自我介绍说得不够精彩，在总结自己对某件事情的看法时不能做到一语惊人，该怎么办？

**答**：在自我介绍时，如果你没有做好前期的准备，你想站起来就说得一鸣惊人，对于普通人来说，这是绝对不可能的。如果你想做好自我介绍，就需要做好充足的准备。

你想让自己说出来的话一鸣惊人的目的是什么？是让所有人都记住你吗？这么刻意地凸显自己，会不会让你陷入一个比较危险的境地？在职场上想一鸣惊人，突显自己的个性，这显然是种危险行为。如果你想突出自己的工作能力，靠说显然是不行的，你更多的还是要靠做。你手里要有项目，有内容，有实实在在的工作，你要有拿得出手的东西。

**问题三**：宋老师，我是一名大学生，在一家新媒体公司实习，做的是产品运营和推广的工作。我需要向周围的人介绍我的产品，让他们注册，怎么说才能让他们更认真和理性地对待我的言辞呢？他们总觉得我是在做传销，是不是我的介绍方法不对呢？

**答**：现在很多 App 上线以后需要人工去做地推，想必你现在的工作就是这样的吧。在做推广前，你需要想明白一个问题：他们为什么要用这款 App？你是否找到了用户的使用痛点？如果你只是想让他们关注这个 App，而不是结合对方的需求来说，对方很可能是不会被你说服的。所以，你需要了解每种用户群体的特点，把每一个用户的个人诉求与你的 App 恰当地结合起来，这样才有可能说服对方。

作为实习的大学生，你需要在这份工作中提升的是跟陌生人打交道的能力和根据对方的反应去调整自己的说话内容的能力。

我在上大学的时候，打过一个短工，就是给出租车贴不干贴广告，作为回报，需要给出租车司机 10 块钱。当时干活的时候我们就在想，怎么才能让出租车司机愿意停下来并同意我们把广告贴上去呢？一开始我们说："师傅，你好，我们能在您车后贴一张广告吗？"这话还没说完，人家就走了，因为他知道我们不是来打车的。后来我们就改变了策略，当司机一停车，我们就立刻说："师傅，我们给您 10 块钱，我们贴张广告。"我们先把 10 块钱的信息说出去，再说贴广告。结果就真的不一样了。

所以，实践是检验真理的唯一标准。我们在实际工作中，只有不断地去调整和琢磨，才能找到最好的办法。

　　**问题四：**宋老师，我向您请教一个问题，我感觉自己在双向沟通方面有待提升，有时候接不上对方的话，容易出现"尬聊"或冷场，我想提高自己在互动访谈方面的技能，比如如何跟对方很快聊起来，且能聊得很深入。我是做企业培训的，需要到各个部门调研访谈，平时也要在非正式场合了解他们的情况。宋老师有没有什么样的方法或者节目可以推荐学习呢？

　　**答：**你在工作中的语言表达场景跟访谈节目主持人有很多类似的地方，也存在极大的不同。因为主持人所有访谈的目的是为了播出，它的功利性比较强，表演性也有一些。而像你这样更多是通过工作上的访谈，从同事那里获得相关的信息，并不是为了要把你访谈的过程做成节目。相对来说，主持人采访中的表演性在你的访谈过程中是不需要的，但是对于访谈中的信息获取诉求是一样的。

　　我来介绍一下主持人访谈前期的一些准备工作，相信会对你有所帮助。

　　第一，确定采访对象。

　　第二，做好前期的准备工作，全方位地了解自己的被采访对象，目的也是为了撰写采访提纲。

　　第三，做一些前期的预采，就是先跟对方聊一聊。预采的方式方法各有不同，预采完之后，再调整一下采访大纲。

当然，也有的节目组是没有预采这一项的。有的预采是由编导来进行，真正的采访才由主持人来进行。

第四，正式进行采访，涉及的是采访能力和提问的能力。

第五，采访之后，形成文字、音频或视频，要让对方看一下你所写的这些内容是不是对方想说的，需要有哪些修改，对方是否需要新的补充。

这是正式场合的采访，它有非常明确的目的性。你做这种非正式场合的访谈时，千万不要把自己当成主持人，否则就会让对方有负担感。比如，你的闺蜜今天出去逛街了，遇到了一些事回来跟你聊天，这时候你跟她聊天，你会把自己当成主持人吗？肯定不会。这样的一问一答很自然，对方回答起来没有负担，就算你提各种各样的问题，对方也没有负担。所以，当你和同事因为工作关系坐下来进行对谈时，最好不要让对方有负担感。其实，你仅仅是一个发问者，你的同事也仅仅是一个回答问题的人，就当作正常的工作沟通罢了。

关于访谈，还有一点很重要，就是追问的能力。对于专业主持人来说，追问确实是非常考验本事的。而且，要想通过看节目学追问也是很难的，因为所有的访谈节目都是经过剪辑的，我们看不到整个采访过程。而只有看整个采访过程，也就是所有的采访素材，你才能看到采访者追问的过程，才能提高追问的能力。

关于电视访谈的好案例，我推荐的是央视的董倩和孙宝印。在董倩的节目《面对面》和孙宝印的节目《新闻调查》中，你可以看到，他们的采访功力都相当不错。另外值得推荐的是我的师姐李小萌，她去年做的节目《你好，爸爸》也是相当不错的。还有一位记者叫易立竞，她的访谈能力很强，提问的质量也特别高。

**问题五**：宋老师，我说话语速确实挺慢的，反应也不太灵活。通常我都是拿着采访提纲去问，但对方说的时候往往跳着说，他回答的时候有自己的逻辑，我很难把他拉回来。我的老板做访谈，从来不用准备的提纲，还能顺着对方谈，但又能够及时引导对方。所以，我就想训练一下自己这方面的技能。

**答**：你是编导特别喜欢的那种主持人，能按照编导的要求来。提问是可以设计的，但是回答问题的人却不会按问题一一来回答。因为你在设计问题的时候，觉得被采访者会按照你设想的方向去回答问题，但实际是一对一说话的时候，他可不会按照你设定好的方向来回答，他很可能会跳着来说。在这个时候，你就需要做出调整。

我们在做采访时通常不会设计具体的问题，因为一旦设计具体的问题，就会深陷在一个又一个问题之间所谓的逻辑关系上。我们一般是怎么做的呢？我们会按照几个方面来设计问题，而不是设计具体的提问。比如你作为公司的 HR，采访一个在公司工作了五六年的人，你不要去问那些琐碎的问题，你应该把那些具体问题放到大的框架里去提问。

**问题六：**宋老师，我最近演了个话剧，需要扮演记者型主持人，请问有没有什么样的方法能让我更像一个主持人？通过看《杨澜访谈录》这类节目，模仿主持人杨澜的神情语气，可以吗？在您看来，记者或者主持人做访谈时，语气和语态上有什么特点呢？

**答：**首先，杨澜并不是记者型的主持人，像中央电视台的沙晨、董倩、孙宝印这些人，算得上是记者型的主持人。通常来说，记者型主持人表达的语态更加朴实和朴素，他们会把自己在新闻现场做的一些思考带回到演播室里来，所以使得他们的表达与在演播室做新闻播报的主持人不太一样，他们的新闻素养也更强一些。

你出演话剧当中的记者型主持人，最多只能做到神似，为什么呢？话剧和演播室里的呈现是截然不同的。话剧里面说话的声音比较大；而播音员和主持人在演播室里说话用的是小实声，所以你只能做到完全神似，而不是完全相似。这就像话剧和电视剧的差异一样，在话剧中，大家看到的是演员的肢体动作比较多，动作幅度比较大；而在电视剧中，大家看到的是比较小的细节，比如语气、神态、眼神等。所以，在我看来，你不必做到完全相似，只要做到神似就可以了。

**问题七：**宋老师，我觉得用文字表达比语言表达要好一点儿，我平时话不多，心里想的嘴上就是说不出来，还会经常词不达意。想请教您，怎样才能把文字表达转化成语言表达呢？

**答：**针对这个问题，我的建议是，如果你的文字能力很强的话，其实你已经具备了语言表达能力中非常重要的基础能力。文字功底好，更多的是体现在你的逻辑和你的思维上。你的逻辑感很强，说话的条理也会比较清楚，表明你已经在说话当中占据了先天的优势。从我教学的经验来看，文字能力强的学生的语言表达在词句的丰富性、准确性以及话语质量上都要好于文字能力较弱的学生。所以，你已经具备了非常好的基础能力。

那么，接下来你需要做什么呢？需要大量的实践。这就跟你写文章要练笔一样。你绝对不可能生下来就会写得一手好文章。刚开始学写作文的时候，也不可能一下笔就写出100分的作文。说话也是一样的，需要大量的练习，不断地去校正和修改，才能提升你的语言表达能力。

问题八：宋老师，我也尝试过将文字直接转化成语言，但说出来就感觉很奇怪。我平时说话确实不多，口语表达能力很差，可能也是因为性格有一点儿内向吧。像我这种状况，您觉得需要从哪些方面入手做改变呢？

**答：**文字是不能直接转化成语言的，你想把写好的文字变成语言说出来，转化的工作是在你写稿子的时候就要完成的，否则肯定行不通。

性格内向或外向和说话关系不大。生活中你可以是内向的，但是在公开场合表达，你需要转换思路。你不需要将两者统一起来，你只需要在公开讲话的时候能够展示自我就行。所以，在这里你需要做一下心理建设，不要把上台讲话这件事当成沉重的负担，大大方方地在舞台上展示就好。你内心越和这件事情较劲，你在执行起来就会越困难。当然，如果表达不好，给你带来很大的问题，这是你需要反思和改正的。

除此之外，你需要多说话。除了在工作场合当中多说话外，日常只要有说话机会，就要张嘴巴说，才能让自己锻炼出来。我有位学生刚入大学的时候就不太爱说话，后来因为经常练习与人说话，性格逐渐开朗了。他自己后来发现，表达让他特别受益，无论是他个人情感的抒发还是跟别人的沟通，都畅通了很多。

**问题九：**宋老师，在一些需要分享的场合，我说话总是没有思路，没有逻辑。主持工作当中的一些会议时，我就超级紧张，即使打了草稿，也常常会忘记自己要说什么。这种情况该怎么办？

**答：**你作为会议的主持人，最重要的是确保流程的完整性，起码开头结尾该有的环节一样都不能少，履行的职责是必须完成的。你需要一些强记忆。说实话，如果你真的强记不了的话，说明这个活儿你还真的干不了。因为并不是所有的能力都可以通过努力学习去提升，每个人的素质和能力是有差异的。

如果你说没有思路，没有逻辑，还有一个问题就是你是否按照我说的去练习了。在练习时，你需要将自己讲话的过程录下来，不断地加强你的记忆，学会去校正和修改，这样你对内容的把控一定会比之前好得多。

# 3
*PART*

## 第三部分

## "听辨类训练":
## 听准了，才能降低沟通难度

# 信息甄别：如何把感受从信息中剥离出来

信息与感受是完全不同的两个概念。信息作为新闻传播学中的一个概念，是美国数学家信息论的创始人香农提出的：信息就是用来消除不确定的东西。

这个概念怎么理解？比方说对于从来没有使用过手机的人，他们看到你手里拿的这个东西，就会问你这是什么，你告诉他们这个东西叫手机。那么，"手机"这个词儿，就是用来消除他们内心对于你手上这个东西的不确定的。在职场上与人沟通交流时获得的有效信息越多，不确定的东西就会越少，对于个人来说，你掌握的信息越多，就越容易获得成长。

比如说，你是一位室内设计师，拿到设计任务之后，在跟客户谈房屋装修的设计图之前，你肯定会和客户聊一聊，话题可能会包括他的经历、他的需求，甚至他的个人爱好等。你知道的越多，就越能帮助你明确很多信息，比如客户对装修风格的要求，客户的预算有多少等。

那么，什么是感受呢？我们经常会看到一些美食博主这样说："这家的麻辣烫简直太好吃了。麻酱里除了放好多花生酱外，还放了一点儿糖进去，这口感，一吃下巴就会掉下来的。我老妈绝对调不出这么好的味道。关键是这麻辣汤底上面浇上两勺调好的芝麻酱，再加上一勺蒜末，这嘴巴里各种好味道，简直爽翻了。"

听到这句话，你是不是不自觉地咽了下口水呢？感受性的表达最大的特点就是让你产生某种情绪，如高兴、开心、惊喜或者是悲伤、痛苦、沮丧。感受性的表达，可以给你带来一定的情感波动。很多人在说话的时候，容易把客观信息和主观感受混在一块儿说，这样就容易让听众在接收内容的时候无法判断哪些是客观存在的，哪些是主观体会，就会让听众做出错误的判断。

人们说话时容易把信息和感受夹杂在一块儿说，可是作为听者的你可要有一对聪慧的耳朵，听别人说话的时候，你得准备两个接收通道：一个接收信息，做出客观判断；一个接收感受，做出情感回应。

你试着读下面这段话，试试看，如果不做区分，你读完后会有什么感觉？这段话是一款台灯的产品介绍。

我们这款台灯可以发出 800 种颜色，买上它，你就可以在客厅、卧室、书房用到这么多颜色。在客厅，你可以选择维也纳色调，这个色调亮度高；在卧室，你可以选择薰衣草色调，这个色调有助于调整睡前的生理状态；在书房，你可以选择巴厘岛色调，帮助你在电脑前工作，有助于保护眼睛。

你想想，如果你想拥有 800 种不同颜色的台灯，你是不是得买 800 台台灯呢？可是今天你只需要买一台，就可以达到这个目的了！这款 App 的页面上的按键就是帮助你选择不同色调的，你可以根据需要自由选择，是不是很棒？

听完这段介绍，是不是觉得它讲了特别多的内容，并且觉得这个台灯很炫酷？我来帮你打开两个听觉通道，重新分析一下这段介绍。

其实这段话只有两条客观信息，一条是这款运用高科技方式打造的台灯，可以变幻出 800 种不同颜色的灯光。另一条就是 App 上的按键是操作台灯色调的。你之所以听得云里雾里的，是因为在这长达一分钟的介绍词中，除了上面两条客观信息外，其他内容都是以信息作为外衣的感受性表达。比如"在客厅，你可以选择维也纳色调，这个色调亮度高；在卧室，你可以选择薰衣草色调，这个色调有助于调整睡前的生理状态"，说话者把自己使用台灯的体会、感想转化成了介绍台灯功能的客观信息，这恰恰是说话者给听者造成认知错觉的地方。

试想一下，我们生活中使用台灯只有一个基本目的，就是借助灯光看东西。那么，这 800 种颜色对于我们来说用处大吗？并不大。所以，我们在听一段话的时候，要学会鉴别哪些是客观事实，哪些是主观感受，不要被花样的产品介绍轻易"忽悠"了。

想要快速鉴别出一个人在说话时哪些是客观信息表述，哪些是主观感受，最便利的方法就是多看新闻报道。

因为按照新闻报道的原则，记者的内容应该以信息为主，目的就是为了要让观众了解新闻现场。所以，从看记者做报道开始，练习自己辨别信息的能力是很好的办法。

接下来我要给大家讲述的是一位记者在茶叶市场采访一位专业人士，教观众如何去鉴别茶叶的过程，这也是特别典型的客观事实与主观感受分割比较明显的表达内容。

记者说："刚才这位老师告诉我们，今天一共有十几种茶叶，这边有三种比较典型的拿了出来。这个是什么茶叶？"

专家说："这个代表的是龙井茶，你看是条形的，这个代表的是安吉白茶，是卷曲形的，外形各不相同。"

记者又说："我知道，大家肯定很关心以龙井茶为代表的扁形茶，什么样的标准才是好的吗？"

专家介绍说："首先，就是看它的条子是否大小均匀一致；其次，既然是扁形茶，要看它是否扁平挺直；再次，就是从它的色泽上看了,你瞧它就是翠绿色的;它有没有什么梗、片这些杂质,以此来看它是否完整,从而鉴定这个茶叶好不好,所以最后还要看一下它的外形。至于茶叶,还得看它的汤色,对吧?在这个过程当中,你要看一下它的叶子是不是非常成熟、非常完整。"

记者说:"我们可以看到每一片茶叶落下来的过程都非常优雅,而且每个都是完整立体的。我现在把这个茶叶拿到鼻子上一闻,可以说非常清香。"

你能听出来哪些是客观信息,哪些是主观感受吗?其实在介绍茶叶的辨别方法的时候,一直到看到茶叶在茶杯里一片一片落下来之前,记者和专家之间的对话都是客观信息。从哪里开始是主观感受了?记者把鼻子放在茶杯口闻了一闻,感觉味道很清香,这时候是记者的主观感受了。

职场上想要说得好,会听很重要,特别是学会听客观的事实和信息,不被他人主观的感受牵着鼻子走。听事实,掌握信息的目的是为了做出清晰的判断,如果把对方的感受当成了事实或者是信息,那一定会直接影响到你的判断,后果是不堪设想的。

那么,职场上如何把感受从信息中剥离出来呢?我教你一个方法:事实是陈述性的表达,感受是描述性的表达。

陈述性的表达与描述性的表达如何区分呢?

描述性的表达中感性的词比较多，形容词、程度副词大量地使用，说话时个人情感的内容占据了主位。当你听完感受性的内容之后，你是否产生了共情心理？你是否跟说话人一起开心、痛苦、遗憾？如果你很快地陷入了这样的情绪或情感里的话，说话人的情感共振的目的就达到了。因为说话人的感受性表达在你身上起作用了。

而陈述性的表达，即主谓宾的表述里名词、动词为主，听完之后你仅仅是知道了一个事实，知道了一个事情而已。

基于我上面讲到的两种目的不同的表达方式，你就弄清楚了，如果不想被演说者的情感牵着鼻子走，就要学会在听的过程中主动去区别哪些是描述性的表达，哪些是叙述性的表达。

一个比较简单的方法，就是把主讲人讲话中那些形容词、副词以及讲主观感受的话都剔除掉，然后你再来看剩下的内容究竟说了怎样的客观事实，这就帮你把情感从信息中剥离出来了。

## 主旨意思：听话要会抓重点

我的学生小Z在广播电台工作，为了制作元宵节特别节目，领导和他在电话里沟通策划案。领导一会儿说节目需要创新，多加素材，一会儿又说创意不合适，素材太杂乱。两个人足足花了一个多小时，最后也没讨论出个结果来。小Z抱怨说，这位领导说话最大的问题就是说不清楚意思，让人抓不住重点。

如此艰难的沟通交流场景，你是不是也经常遇到？你身边是不是也有这样的领导或者同事？他们无法用语言把自己的想法准确简练地表述出来，说话时没有中心句，总是为了表达某种观点反反复复地说；或者说话没有层次，逻辑跳跃得毫无章法可言。

其实，职场上每个人的语言表达能力各有不同，遇到说话条理清楚、逻辑清楚的人，我们自然感到庆幸。与这样的人合作，彼此之间能够顺畅沟通，做好工作。那么，遇到表达能力弱的人，该怎么办呢？作为听者的我们，只有具备了抓住主旨意思的听辨能力，才能做到高效沟通。

本节我们就来说说"主旨意思"听辨法。

所谓"主旨意思"，就是一个人讲话的最基本意图。我们先来读一下下面这段话，来判断一下说话人的主旨意思到底是什么。

今天中午，我只吃了一个肉夹馍，下午3点的时候肚子就开始咕咕叫了，真是没法听课了，所以我就赶紧点了外卖。但是，我的天哪！现在都 6 点了，外卖小哥是不是扫雪去了？

你能明白说话人的主旨意思吗？咱们一句一句地来分析。第一句，今天中午，我只吃了一个肉夹馍，意思是什么？吃得太少了。第二句，下午 3 点肚子咕咕叫，言外之意就是饿得早了。第三句，现在都 6 点了，又发出了抱怨，这是在说自己等饭等得很着急。

分析完每一句的意思后，你会发现，说话者虽没说一个"饿"字，但是他所说的话都是围绕"饿"来展开的。所以这段话的主旨意思可以用五个字概括：我要饿死了。

听者如果抓住并且把握住对方的主旨意思，可以帮助自己快速地做出回应和判断；如果无法抓住或是把握对方的主旨意思，一定会增加沟通的成本，甚至掉进沟通的万丈深渊，导致工作无法顺畅地进行下去。

想要抓住说话人的主旨意思，需要以下三个步骤：

**第一步：需要明确身份**

先问问自己，沟通对象是谁？作为听者的我们，需要建立见什么人说什么话的沟通意识。很多人在沟通的时候，注意力会随着所谈论的议题发生转移，这就会引发情绪的变化，经常说着说着就忘了自己是在跟谁说话，毫无意识地就陷入了自我表达的逻辑中，无法以准确的身份与对方沟通。

比如开头提到的那个案例，我的学生小 Z 与领导在电话里沟通节目策划案的事。小 Z 跟我抱怨的时候说："宋老师，我跟他打电话的时候就很生气，总是不知道他到底想表达什么。"

我提醒小 Z："你们打电话的时候，你是否明确'电话那边是你的领导'这一点？"小 Z 说："我有时候说着说着就忘了他是我领导这回事了，注意力都放在他说的话上了，越听越生气。"于是，我纠正小 Z 说："你在跟领导打电话的时候，注意力不要放在领导的语言表达能力强弱上，而是在明确对方身份的同时，把注意力更多地放在他所说的内容上来。"

明确身份之后，接下来就是具体的抓住主旨意思的听辨方法了。

### 第二步：给信息打"隔断"

有个场景你一定特别熟悉：每逢开会的时候，领导经常会说"我今天简单地说几句""我从三个方面来谈一下"这样的话。结果，一个多小时过去了，领导才说完第一点。这是最典型的说话没有时间观念、没有逻辑链条意识的表达行为了。

在听这类人发言的时候，如何紧紧抓住说话人的主旨意思呢？那就是自己在心里给说话人打好"信息隔断"。

什么叫"信息隔断"？说个生活当中的例子。一些房屋中介为了把房子租给更多的人住，常常会把一套两室两厅的房子做几个隔板，分成好多个隔断房，租给更多的人住。由于存在安全隐患，目前这样的群租房已经被禁止了，但是这个方法运用在听辨里边，却能帮助你减少由于信息杂乱造成的安全隐患。听者按照自己接收信息的习惯，将散乱无序的信息打上有形的隔断，可以方便信息的接收人来理解信息的内容。

那么，给信息打隔断的方法有哪些呢？

1. 时间法

说话者讲自己从销售员做到部门经理的经历，无论说话者说得多么琐碎，只要用上时间法，就能把握主旨意思。比如，他第一年刚进公司，职位是销售员，等到第三年他成了首席销售员，又过了五年，他做了部门经理。使用关键词"一、三、五"，就是通过时间法来给信息打隔断。

2. 地点法

地点法就是把说话人零散的讲述以各个发生地作为基本点，来给信息打隔断。

3. 进程法

进程法，也就是"自定义方法"，即把说话人表述的内容通过自我定义进行归类。比如第一阶段、第二阶段、第三阶段，外部环境和内部环境等，这些方法都可以用。

### 第三步：协助对方理顺脉络

除了给信息打隔断，帮助沟通对象理顺脉络也是抓住主旨意思非常重要的一点。

在与人沟通时，自始至终有表达逻辑的人是非常少见的，紧紧抱着逻辑链条去沟通的人也不多。特别是在日常繁忙的工作中，如果在沟通时缺乏表达逻辑，就会消耗大量的时间。如果没有时间限制，两个人在潜意识里会想，"我们随便聊一下"或者是"咱们先做个简单的初步沟通吧"。有了这种意识，两个人对于提高沟通的效率就没有那么强烈的愿望了。这样也会让说话的双方不再死死盯住逻辑链条这根弦了。其实，越是这样轻松交流的氛围中，越需要抓住逻辑链条这把沟通的钥匙不放手。

只要是两个人或者两个人以上的沟通，都会存在一个进程推进的交流目的。我在前面也提到过"如何成为小组讨论中的主导者"这一点，处于沟通中的两个人，必须有一个人是把握交流进程的。A、B两个人可以有一个人把控，也可以在沟通时轮换地来把控。帮助说话人理好脉络，就好像给小姑娘编小辫一样，可以将一头长发有序地编排起来。

如果是一对一的交流，还有一个妙招可以使用，那就是最后确认法。这是我在工作中经常使用的一种方法。这就有点像大家去餐厅点菜一样，先拿着菜单，边看边点，看到什么就点什么。等菜都点完了，服务员一定会给你报一下你都点了哪些菜。这时候，你才会仔细地想一想点的菜够不够，有没有点得不合理的地方。

事实上，养成职场沟通"最后确认法"的工作习惯特别有益处，一方面可以帮助沟通双方明确谈话的议题以及最后的讨论结果，另一方面可以让大家都做到心中有数。这样做就非常有利于明确主旨意思。

比如，有一位媒体同行给我打电话说，他们打算定期请各方人士对节目进行业务上的评审。他们之前没有做过这样的工作，不太清楚怎么做才好，所以来问我。我跟他聊了20多分钟，快要挂电话的时候，我使用了"最后确认法"。我知道他第一次做这事儿，对于很多操作的细节是缺少经验的，如果我不帮助他理顺整个谈话的主旨意思，很可能挂断电话后，对方还是对某些问题不太清楚，还会再打电话过来。这样是不是就增加了沟通的成本呢？

总结一下本节内容。如何抓住对方表达的主旨意思呢？首先是明确对方的身份，时刻提醒自己对方是谁；其次是给信息打隔断；最后是协助对方理顺脉络，最有效的方法是"最后确认法"。学会了这几点，你在沟通时就能快速理清思路，抓到重点。

## 信息漏洞：打通信息判断的自循环

在日常工作交流中，听辨能力除了能帮你理清讲话人表达的主旨意思之外，还能帮你判断信息的准确性和有效性。

比如说，你的同事在跟你对接一些工作的事儿，故意隐瞒了一些关键信息，或是不经意间漏掉了一些信息，你能听出来吗？如果对方是你的领导，对于他所说的话，你是否能够快速地做出判断，哪些话可以作为判断的依据？哪些话又是领导为了震慑下属，虚张声势，说出来吓唬人的？

为了解决这些问题，就必须要了解"信息漏洞"这个知识点，从而做好信息的判断和筛选。

我是中国传媒大学播音主持艺术学院的老师，也是一名在媒体单位工作的新闻评论员。作为新闻评论员，我们在点评新闻事件的时候有一个基本原则，即如果手里拿到的新闻信息不完整，我们就不张嘴去点评。这是什么意思呢？就是说在新闻信息不完整的情况下，如果去做评论，就会误导观众，媒体公正报道的社会责任就缺失了。

新闻评论员发现新闻材料信息不完整的方法是值得借鉴的，它能帮助我们在与他人交流的时候有效地判断对方在表述上是否有问题。

首先我先来介绍一下信息完整的概念。它是指传播内容的信息点通过一定逻辑排序之后，可以完全诠释传播内容本身。受众通过获取的信息，掌握传播内容，理解传播信息，进而做出正确的判断。

以天气预报为例。我们可以通过天气预报提供的相关天气信息，提前做好出门前的安排。如果下雨，我们就带雨伞；如果刮大风降温，我们就多穿一些。获取完整信息的最大益处是什么呢？就是防止出现错误的判断。

而信息漏洞是指在传播内容中，由于一些信息点的缺失，信息接收者对于传播内容的整体无法掌握，导致接收信息的人错误地理解了信息，进而做出了错误的判断。

比如下面这个例子：

本台消息，八名消费者在一家餐馆吃完午饭后出现了不同程度的呕吐、腹泻的情况，这八个人被送到医院后接受治疗，其中六人需要治疗康复一周后出院，还有两名留院观察。

## 完 美 沟 通 ▶▶▶

记者采访了消费者张先生，他说今天中午他们在这家餐馆用餐时，隐约觉得有几道菜味道不对，还找服务员问了一下。大家还以为这是特色菜，就没有在意，没想到就是这些特色菜把他们"撂倒"了。

说到这，这条新闻就结束了。听完这段内容，你是否发现这条新闻存在信息漏洞？首先，新闻中说消费者张先生单方面找过服务员询问。但这是否确有其事？他真的找过吗？其次，消费者说是被特色菜给"撂倒"了。有没有相关的检测可以证明，就是这些特色菜出的问题呢？最后，面对消费者的投诉，后续会不会进行调查，又是什么流程呢？

我这么一说，你是不是才意识到这篇新闻报道只采访了消费者，却没有采访餐厅的服务员、医院以及当地的市场监管部门呢？这样的新闻稿会造成什么后果呢？如果这八个人进餐馆之前在某个路边摊吃了什么，却误以为是在餐馆吃坏了肚子，对于餐馆来说，是不是有可能面临口碑下滑的危险，影响到饭馆经营？所以说，仅凭一家之言，容易造成观众对于事件的错误理解。

从一条新闻报道的信息漏洞说起，我们再回到职场上，想想怎么做才能让自己听出对方表述中存在信息漏洞的问题。

听者对于对方表述的内容要不断地自问。自问就是你就说话人表述的内容做出的一个智能化的反应，通过自问完成一个内循环。自问的目的就是在听对方讲述的时候，自己建立一个事实逻辑框架，边听边判断。

那么，如何完成自问这个环节呢？来看下面这个例子。

同事Ａ就３月份的员工职业生涯培训的事情跟你商量，他选择的地点是杭州。现在有两种情况你需要考虑：第一种是同事Ａ的女友在杭州读研究生；第二种是去年秋季培训的时候，你们已经去过一次杭州了。上次去杭州的时候正处于旅游的高峰期，导致酒店住宿费用超出了预算，可是培训通知前期公布了，无法更改，最后你们团队被领导批评了。

同事Ａ在跟你商量这件事的时候，是这样说的："我建议咱们这次培训的地点定在杭州，因为３月份的杭州已是春天，对于学员来说，培训地点具有吸引力。虽然咱们去年秋天也是在杭州，可是春天的杭州跟秋天的杭州是不一样的。"

你可以抓住这段话中的核心信息点，不断地在心里自问：为什么要选择杭州？为什么秋天去过春天还要去，为什么他觉得春天的杭州和秋天不一样，我们就该去杭州培训？

边听边判断，跟着说话人的逻辑听，但是不能跟着他的逻辑思路走。听是方式，不是结果。把听到的信息按照一定的逻辑思考串起来，就很容易进行判断了。

说完了自问，接下来就是向说话人提问。

为什么需要提问？一方面是为了获取有用的信息，另一方面是通过提问学会发现，从而完成自发性质的思考，发现对方表述的漏洞。

一般来说，同事之间的交流看似随意，其实也是暗藏玄机的。当说话人跟你交流的时候，你是在被动地接受信息，但是提问让你的被动位置发生了变化，你在抓取对方表述中存在的信息漏洞时站稳了先机。

还拿上面选培训地点的案例来说，同事 A 跟你建议，培训地点选择在杭州。考虑到之前团队由于考虑不周遭到领导批评的先例，你可以提出以下两个问题：

1. 培训预定的酒店房价是多少？如果还是去年秋天培训时的价格，那就需要考虑一下了。

2. 这次培训是否有请专家导师？如果请了，那行程方面是否与对方做了协商？

当然，因为同事 A 的女友在杭州读研究生这一事，你内心会质疑他选杭州做培训地可能是出于私心，你可以提问，但最好不要在跟他面对面正式交流时提出来，而是在谈话的最后，以一种不经意的方式去问。你可以一边走一边说："上次你女朋友带你去的一家店，我在朋友圈看到觉得挺不错，是哪家店来着，你还记得吗？"本来跟同事 A 的女友没有关系的谈话，最后反而说到了他的女友，其中的寓意就不言自明了。

通过提问判断对方的信息漏洞，还需要注意的问题就是信息消耗与身份压制。它们是职场交流中造成你发现信息漏洞的两个主要障碍。

什么叫信息消耗？

大家是不是在电视上看过这样一个游戏：一群人排好队，主持人贴着耳朵把秘密告诉第一个人，第一个人再告诉第二个人，第二个人再告诉第三个人，以此类推。等到最后一个人把听到的秘密大声地说出来的时候，发现跟主持人最初说的话却不一样，说着说着这话就走样了。这就是信息消耗的一个外化形式。

一个人听别人说某件事，再把这件事告诉另外一个人，转述的时候，听来的内容和他本人理解的内容就产生了某些差异。复读机一样的转述，在人与人之间的沟通交流中，几乎是不可能实现的。

这种信息或者消息在人们交流过程中传播走样的现象，就是信息消耗。

除了信息消耗，导致你发现对方表述漏洞的第二个障碍是身份压制。

在听别人说话的时候，信息接收者不自觉地会跟着说话人的逻辑去理解事物，这样就很容易放弃自己的判断，特别是当说话人是你的上级、极具说服力的长辈或者朋友的时候。这里有一个概念就是身份压制。

身份压制是指由于讲述者在人生阅历、职业经历、职场资历等方面拥有一定的优势，在与信息接收人沟通交流的时候，自然而然地给信息接收人施加的某种压力。特别是对于那些判断能力不足的人来说，他们根本没有能力去判断那些所谓的权威人士是否存在表述上的错误和漏洞，这样就会导致大量的信息漏洞问题出现。

为了避免在重要事实的获取过程中由于他人的身份压制造成误导，我们就需要时刻留个心眼，提高自己寻找信息漏洞的听辨能力，抓住说话人的核心信息，不断自问，善于发问，打通信息判断的自循环。


## 信息重复：利用巧妙的方式打断说车轱辘话的人

倾听的目的有两个，一个是获取信息，另外一个是做出判断。听辨类训练主要是围绕"获取信息"而设立的，从不同的维度帮助你学会如何听、听什么。

有些人的说话问题暴露得比较明显，我们一听就明白，可是这个人你还不能甩了，因为他很有可能就是你的客户。面对一个反反复复强调自己的诉求，用重复信息占用你工作时间的客户，哪一个在职场上工作的人都会崩溃，都想躲起来。然而，"客户是上帝"，你既不好意思说他啰唆，也不好意思多次打断他。这时，我们就需要用一些巧妙的方式来引导他不说车轱辘话。

## 方法一：抓住气口法

来回说车轱辘话的人，很容易深陷于自我表达的诉求中。这类人说话时有三个特点，当你发现对方说话表现出这些特点时，就需要用一些方法来引导对方了。

1.说话速度快。说话快的人想在最短的时间内，把自己知道的事儿都说出来。他们追求的是什么？传达出更多的信息。他们从来不考虑接收信息的人是否可以跟他们同频，听明白他们的话。

2.别人插不上话。这类人一说起话来就完全沉浸在自我表达的快感中，虽然跟你在交流，但他眼中无人，就像在说一段单口相声。当你想插进话来，他就会在声势上或者语速上盖过你，把你的话生生地压回去。

3.情绪激动。越说越激动的人，生活中很常见。激动的诱因有什么？有时候来自说话者本身。有一位学员曾给我提出过类似的问题，他们在说话时经常说着说着就着急起来了。除了内部原因，还有来自外部环境的刺激。比如表达者为了让别人相信他们所说的话，会非常卖力地跟对方说话。

当对方说话表现出以上这三种特点时，你可以使用"抓住气口法"来引导他走回正轨。

什么是"抓住气口法"呢？一个人在说话的时候，无论语速多么快，情绪多么激动，他一定是需要喘气的，这是人的生理需求。当他没有气接着说的时候，他必须得喘气，这时就是你张嘴说话的气口，也就是你打断他说话的有利时机。

这是我在教播音专业的学生如何做采访的时候使用的一种技巧。主持人采访的时候会遇到各种各样的人，遇到语速快、不让人插嘴的采访对象的时候，打破被采访对象封闭话轮（指一个人与他人说话交流的时候，从开头到结尾都是他自己一个人在说话，别人无法插话接话的情况）的方法，就是抓住气口法。

抓住气口法可以帮助你建立一个以自己为主的沟通方式，让你的角色从被动地听变成主动地说。特别是对方说得口干舌燥想喝水的时候，你的机会就来了。这时，他把说话的接力棒交给你了，你可以趁机说："您说了半天先喝口水，怪累的。我把您刚才说的话想了想，您看看大概意思是不是这样的？"这样，你就可以把话自然地接过来，对方也不会觉得你在抢话。

说车轱辘话的人，很多时候是无意的，他们总是担心对方听不明白，恨不得360度无死角地解释这件事情。面对这样的沟通对象，你需要引导他，帮他建立一条信息脉络，将话语权握在自己手里。

### 方法二：打卡总结法

"打卡总结法"就是当对方说了一段时间（大概 3 到 5 分钟，最长不要超过 10 分钟）话后，在适当的时候打断对方，然后你将对方说的话进行梳理和总结，最关键的是必须得到对方的确认。

还有一种情况是内容打卡，按照信息块来打卡，这种方法使用起来更加方便。具体怎么做呢？

有这样一个案例：装修设计师小 A 给客户李先生设计了几套装修方案，并最终确定了其中一套方案。李先生是一位特别细致的人，当卫生间已经装修了近 80% 的时候，他突然对卫生间的设计感到不满，可对小 A 来说，目前要改有点难。李先生花了一生积蓄买房子，特别重视跟设计师小A的交流，每次交流都要花两三个小时，使得小A半天只能接待他一个人。

面对这种情况，怎么做呢？一共分为三个步骤。

1. 以感谢开头。

接过话茬儿之后，你可以先说一些感谢的话，让那些处于交流优势地位的客户或者领导感到心里舒服。因为他的滔滔不绝得到了你的良性反馈，他的话语价值通过你的感谢得到了体现。

以上面的故事为例，设计师小A可以这么说："李先生，我得谢谢您，您说了这么多，我也学到了很多。您的建议对于我们来说是一种设计上的大胆尝试。不瞒您说，我们之前想做这样的设计，但是没有遇到像您这样符合条件的客户。"

说完这话，李先生心里一定是很舒服的。

2. 梳理脉络。

通常来说，说话滔滔不绝的人的表达逻辑一定是乱的，是自我不可控的。听完他说话，你可以帮他去梳理脉络，这会让对方感到你态度认真，有责任心。对方只要肯听你说话，某种意义上来说，你就赢了。

还以上面的故事为例。这时候，小A需要一张纸、一支笔，把对方之前说的话挑最重要的信息记录下来，然后利用思维导图的方法，帮助对方梳理出一个大框架。

3.细节确认。

脉络梳理只是一部分，更重要的是关于细节问题的最后定论，而这正是体现你个人价值的时候，这时你的角色已经发生质的转变。在前两步的基础上，你最需要做的就是细节确认。因为说话滔滔不绝的人是没有逻辑能力的，他会在一个逻辑点上自我纠结，但在细节的捕捉上就很不灵光。对于你来说，一个细节的高度关注，会让对方刮目相看。

还以上面的故事为例。在卫生间这一块，李先生的要求特别多，但是你可以通过听辨能力去锁定李先生最核心的诉求，让沟通细节最终能够得到落实。

最后，要提醒你的是交流的姿态。

如果对方滔滔不绝，你想打断一下他，但是在使用上面两种方法后发现效果不佳时，还有一个方法能够帮助你，那就是"换位置"的方法。

换句话说，就是引导对方改变他正在说话的身姿状态。如果他一直站着说话，你可以让他坐下来说话。因为人站着说话，相对来说会比较容易情绪激动。但是，如果他一直坐着，你就可以以关心之名打断他的话语，换一种沟通的方式。这就是换位置的方法。

比如，你可以说"李先生，您别这么站着，您坐着说好不好？"，或者说"李先生，您想喝什么？咖啡、茶还是矿泉水……"

通过这些看上去很正当的干预，你就可以打断他说话的连续性。只要你打断他一直说话的状态，让他处于被你调度的状态下，你就可以把握说话的主动权了。

## 明确意核：不要被别有用心之人牵着鼻子走

你是一个耳根子软的人吗？比如在工作或者生活中和他人交流时，只要对方说的看似有道理，你是否就容易阵前倒戈，放弃自己的主张，马上加入对方的阵营？如果你是这样的人，那么说明你比较不容易坚持自己的主见，在沟通中很容易被别人牵着鼻子走。

这时候，你需要具备的是"明确意核"的能力。"意核"是指一个人借助有声语言，表达内心情感、思考或者感受的时候，最想要表达的核心意思。那么"明确意核"又是指的什么呢？它是指在职场上，你听取某个人发表言论的时候，要学会判断对方的意核。如果发言人改变逻辑的时候，你需要找到他的新意核，这样你在做信息接收和信息判断的时候才能更准确。如果发言人的说话逻辑混乱，他的意核就会不明确，甚至是没有意核。

作为接收信息的人，当你发现发言人的意核发生改变或者是不清晰的时候，你就要警惕了。因为这时候对方的话里开始出现说服的意图，开始潜移默化地诱导你，而你就会在毫无防备的情况下，慢慢忘记要去判断对方的意核，不自觉地就被对方牵着鼻子走了。

在职场上跟听有关系的场景分为两大类，一个是公众性质的，另外一个是人际沟通性质的。在公共性质中，最主要的场景就是开会了。创意会，也就是头脑风暴会，还有布置会、复盘会、例会等。在职场上，你总会遇到大大小小的会。在会议上，发言的人都会极力地争取更多的人支持自己，这时候如果你不能时刻做到明确意核，你就很容易被发言人牵制住想法，给不出有主见的反馈，也就没有办法履行好参会人应有的职责了。

尤其是刚刚入职场没多久的新人，参加头脑风暴的时候，就很容易跟着发言人的节奏走，成为老板眼中那个没主见、耳根子软的人。比如我的一个学生小李，他在一家传媒公司就职，是公司里最年轻的职员。有一天，部门开一个新产品的策划头脑风暴会——一款美颜的 App 要做市场宣传。老板说这款美颜 App 的目标用户是 95 后，正是小李的同龄人，所以让她结合自己的生活，来听一听大家的策划案是否对 95

后有吸引力。

首先发言的是小张，他的建议是请网红来拍摄。原因有两个，一是费用相对低，二是网红的带货能力和流量处于上升期。说完推荐的理由，老板问小李的意见，小李连连点头称好。接着小张发言的是部门的资深策划"大咖"老谭，老谭的创意是邀请一位最近因某部热播剧在演艺事业迎来第二春的男演员做代言。老板又问小李什么想法，小李说，她也看过这部热播剧，是这位男演员的"忠粉"，大赞老谭的这个策划点好。

最后老板无奈地说，小李这耳根子太软，每个人都是一个字——好。

小李为什么说话说不到点上？为什么那么容易改变自己的想法和判断，她就没有一丁点儿自己的想法吗？这里就说到了明确意核的第一个启示——是否"就事论事"。

小李的问题是，只接收同事的策划案中的"八卦"信息，完全忘记自己参会的目的是什么。在听取信息之后，小李做出判断的基础应该是策划案，而不是其他，她错就错在没有"就事论事"上。

所谓人际沟通性质的场景，就是你需要跟某个人一对一进行交流。就跟开会时听完发言要给反馈一样，一对一的交流最终的结果也是需要你做出一个决定。在一对一的交流中，什么情况下最容易被别人牵着鼻子走呢？就是当对方为你提供利好的时候。

比如中午点外卖，你本来想点一杯无糖的饮料，控制一下体重。此时，同事小 A 也在看饮料，她发现一家新店推出了优惠活动——第二杯半价。于是她问你要不要换成奶茶，这样两个人买就能省一些钱。你觉得不错，很快便同意了，可是，回到最初你和同事小 A 对话的目的来看，你原本只是想买一杯无糖的饮料，结果却点了一杯奶茶。

所以说，明确意核的第二个启示就是"明确交流的最初目的"。明确交流的目的后，会引导你做出一些判断，这样就不会被对方的信息诱导。除了明确交流的目的，在一对一交流或者谈判中要做到明确意核，还要注意第三个启示，就是需要学会判断交流的目的对谁有利。

什么意思呢？在沟通过程中，很多时候我们需要说服对方。一些表达强势、振振有词的人，往往可以轻易说服那些意志薄弱的人。那么，面对那些表达强势的人，接收信息的人需要牢记一点，对方说的这些话到底对谁有利？是对说话人，还是对我们自己呢？

我有一位朋友住进某小区一年多，被开发商找去谈话。原来，开发商想把小区之前的外围设计推翻，把低密度的六层板楼改成高层，担心业主们有意见，打算一个个攻破。我的朋友进去跟开发商谈，不到 5 分钟就出来了。后来我问他，开发商怎么那么快就让你出来了？他说一进去，开发商就向他解释改成高层的好处。他就说了一句话："如果改变原有设计对我们业主有好处，还需要劳烦你们给我们一家一家苦口婆心地做工作吗？"开发商听我朋友这么一说，就哑口无言了。最终，开发商没能成功说服业主们，楼层设计也就维持原状了。

一个人在跟你说话的时候，如果竭尽全力地说这全都是为你好，其实就是一个需要警惕的信号。

我的一位学生是某电视购物节目的主持人。有一次他跟我聊，作为主持人，他知道在节目里怎么说能够让消费者下单。他曾经多次卖过一套家用厨房刀具，他发现只要他说"当您家里的厨房摆上这么一款刀具的时候，您的家就因为有了它晋升为品质家庭"这句话时，订单就会直线上升。

这是一句听上去对消费者有利，事实上对节目有利的表达。主持人就是抓住了消费者的心理，用一件物品提升自己的生活品质。在沟通交流中，一旦某个人的发言具有煽动性、鼓动性，他的听众就会自动投降，被他的话语带着走了。

我们知道，倾听的目的有两个，一个是获取信息，一个是做出判断。在做判断时，在诸多需要考虑的因素里面有一个因素需要牢记，就是对方这么卖力地说，到底对谁有好处。如果对你来说每一句都说到心坎里了，祝贺你，你中招了。

无论是公众性质还是人际沟通性质的谈话场景，都需要信息接收者做出反应与判断。你一定要多思考，是哪些因素促使你做出这样的决定呢？是你自身原有的想法吗？是你听完对方的话后，综合考虑做出的决定？还是你觉得对方说的特别有道理，自己原来的想法有问题，需要按照对方的意见来办？如果对方是不怀好意地在说服你，当你没听出来时，就会被对方牵着鼻子走。

## 信息分级：听主要信息，做好信息的反馈

我的学生小 D 最近跳槽入职一家广告公司，老板是一个控制欲很强的人，下班以后还特别爱发 60 秒微信语音交代任务。春节刚过完，同事们从全国各地回到北京，10 多天没有见到员工的老板早就按捺不住了。正月初八早上一醒来，小 D 刚点开手机，就发现老板在夜里给他发来了 10 多段微信语音，条条都有将近 60 秒。小 D 跟我说，领导最近压力大，经常失眠，深夜给团队的小伙伴发工作微信是常态。作为下属，他不好意思跟领导直接提出来，但是每天这么多、这么长的语音，听起来实在是好麻烦。时间长了，让人不堪重负。

如果你每天也要面对这么一个爱发语音的领导，你该怎

么办？领导发来的长语音，怎么来听？不妨试试"信息分级"。

### 第一步：语音转文字，抓住关键词

打开手机，看到那么多语音微信，谁都会觉得"压力山大"。第一步，最好是把第一条语音转成文字。为什么不是听，而是选择看？因为我们看文字的时候，信息捕捉和信息理解的速度要比面对同等体量的音频信息快得多。从文字内容上看，可以快速搜索到什么事情在什么状态，第一时间做出基本判断。如果听语音，思路容易跟着语音内容走。听到最后，发现一开始听的内容已经记不清了，需要二次点开听，这样很浪费时间。

除了转文字这个关键操作，还有一个关键点，就是重点看第一条语音文字。为什么呢？第一条语音通常是领导在有准备的情况下发出的，这是由强烈的沟通欲望所决定的。特别是跟工作有关的语音微信，领导一般都是开门见山、直入主题，不会说太多的客套话。后面的很多条语音，基本都是围绕第一条中的主题展开。

### 第二步：一心二用，听省力最重要

从第一条语音信息判断出领导想要说什么内容，接下来你就可以一边做其他事一边听其他语音信息了。有了之前的信息抓取方向，你在点开第二条语音信息时就已经明确了方向，这样接下来的听反而是省力省心的。

在听的过程中，你需要注意的地方有以下几个方面：

1. 你手上可以忙其他事，但不可过多地分散你的注意力。注意力要放在语音上，这样方可一心二用。如果不行，那就先停下手里的事，专心来听。

2. 不要被领导夸张的情绪分散注意力。领导发那么多的微信，他的情绪未必一直是稳定的。如果他自己说着说着激动起来了，手机这边的你需要稳定情绪。不要把注意力放在领导的情绪表述上，而应该把重点放在领导说的事情上。

3. 重点留意时间间隔较长的几条语音。通常来说，隔了几分钟才发出来的语音信息，需要你重点关注。为什么呢？因为这有可能是领导在给你发完前面的一堆微信语音后，对于刚才交代的事情做了重新思考，发现还有需要补充的，于是又追加了两条。

这两条你需要重点关注一下，因为按照人们的思考习惯，最后产生的想法的重要性，要超过之前总结的内容。

4. 在上班途中，把领导的语音信息做一份文字版总结。把文字版总结发给领导的目的，一方面是为了体现出你做事的认真态度，另一方面就是跟领导做一下确认的工作。虽然他在微信里发了语音，你也听到了，但工作中有些时候出现错误，很重要的原因是没有跟对方进行内容上的确认。

## 完美沟通 ▶ ▶ ▶

当下，我们在跟领导、同事进行沟通交流的时候，微信几乎是不可或缺的社交工具。随着微信在工作中的广泛应用，一些不成文的规则逐渐显露出来。关于职场微信的使用法则，大致有如下几种。

首先，工作群里文字交流是第一位的。虽然有个别人在个别情况下发了语音，但从使用的频率和次数上来说，发文字还是主要的沟通方式。

其次，群内交流，避免成为以下三种人。

第一种人是"伸手党"。群里交流，大家最不喜欢无论大事小情，不看上面的通知，只想问同事的那种人。这样的"伸手党"最可恨。

第二种是爱聊八卦的人。群里聊工作时无意中提到了某位明星，这时候，这类人总喜欢冒出来开玩笑、聊八卦，一聊起来就没完没了。这种人是不讨人喜欢的。

第三种人是"杠精"。明明大家在商量工作，他就喜欢钻牛角尖，遇到与自己观点不合的人就狂"怼"，这样的人同事们也不喜欢。

最后，使用微信一对一小窗与领导、同事沟通时，相对来说自由一些。使用语音还是文字，主要看情景和两人之间的亲密程度。但不论何种情况，都特别要注意私密性。生活中，我们私下交流时，有时候聊嗨了，就会截图发个朋友圈。但是当你想这么做的时候，一定先征求一下对方的意见。如果对方不同意，那就不要做。

征求对方意见的目的是什么呢？一是代表你尊重同事或者朋友；二是在对方知情的情况下，朋友圈产生的社交结果，双方都可以承受。

## 视频信息：学会解读视频信息，避免上当受骗

现在是一个视频传播为主的时代，平时我们接收的信息很多都是视频内容。面对铺天盖地的视频信息，作为社会人的你，是否有一双慧眼去识别呢？很多人会认为这就是"眼见为实"，视频中的画面可比白纸黑字里面的"文字游戏"真实多了，怎么还会看不明白，怎么会傻傻地上当呢？

事实上，眼见未必就是真实的。在职场中，我们在很多场合都会看到视频产品，比如说参加某公司新产品发布，介绍新产品的视频一定特别炫酷。参加行业的论坛，开始前大屏幕滚动播放行业动态视频，一定很高大上。这些视频画面已经在无形中给了你很多信息，也会给你很多暗示，这些信息与暗示都会在某种程度上影响着你的判断，左右着你的决定。那么，如何识别高大上宣传片中的谎言呢？

有一次，我的学生小李约我吃饭，席间聊起他们单位要与一家公司展开业务合作，正在考察对方的实力，顺便把这

家公司的宣传视频资料给我看了一下。看完视频之后，我跟小李说了我的观后感。这家公司的宣传片中提到其与一些世界 500 强大公司有过很多业务往来和合作，可是画面中显现的都是随处可以下载的商业图片，视频画面主要是空镜头。什么是空镜头？就是满眼的高楼大厦和人流，看上去很高大上，但显得很虚假。而关于这家公司的实景拍摄，大都是一些特写，很少有大全景的画面。

宣传片中的解说词都是一些模糊的宏观概述，没有具体的工作内容。简单来说，这个宣传片没有展示出这家公司的核心竞争力，看完之后你也说不出这家公司给人留下深刻印象的地方。因为那些画面你在写字楼的电梯里每天都会看到。

过了几天，学生小李发微信告诉我，他们单位最终没有跟那家公司合作，通过其他渠道考察了解到的问题，竟然跟我的看法一模一样。

通过观看视频获取信息，并且做出判断，一是需要"眼睛尖"，二是需要"耳朵灵"。看视频，你需要把用眼睛看到的信息和用耳朵听到的信息综合起来进行判断。判断视频信息是一个人在现代职场上生存的必备本领。每当你点开一段视频，按照以下这两个步骤进行，无论什么视频资料，你都能做出正确的判断。

## 第一步：看视频的画面信息

观看视频最主要的目的是知晓信息，知道如何去做判断。要做判断，首先要看画面的信息量。你一定看过纪录片《舌尖上的中国》吧，里面记录了全国各地的美味，如采自云南的松茸、陕北的黄馍馍、重庆的老火锅等。当这些东西出现在画面中的时候，你会看到一些具体的事物。围绕这些具体事物所讲解的信息，就是视频要提供给你的信息。而每一帧画面上出现的元素数量，就是你用来衡量一幅视频画面信息量的依据。

而那些缺乏信息量的画面是什么样的呢？比如前文提到的那家公司。这家公司说自己实力雄厚，有与世界 500 强大公司合作的经历，那么视频画面中就需要展示出曾经有过合作的画面，比如签约的图片或者视频录像等。如果视频中展示的是那些 500 强公司在网站上可以随便下载的商业图片，那就是没有信息量的画面了，因为事实并不存在。

什么样的画面才是信息丰富的画面呢？

举个例子，你一定看过这样的短视频新闻，画面中一位上了年纪的老奶奶过马路，很多私家车都停下来，等老奶奶走过去之后，才开车过去。这个画面就含有丰富的信息量。那么，信息的丰富体现在哪儿呢？画面里面包含了人、景、物三个主要元素，"人物"就是老奶奶和那些行人；"景"就是场景，即马路和人行横道；而"物"就是一排排停在原地的私家车。监控的画面把这一幕从头到尾都记录了下来，你不需要听配音，只需要看画面，就知道发生了什么事儿。那么丰富的信息让我们看懂了发生在这马路上令人感动的一幕。

如果视频中提到了具体的项目或者是产品，就是你需要发现问题并做出正确判断的时候了。如果是项目的话，视频画面中就应该出现一些关于项目的实地场景；如果是跟产品有关的视频资料，通常就要有与产品相关的场景，而这些视频画面也都是需要在实地拍摄的。

### 第二步：看视频的画面品质

如何判断视频里有没有实地的场景呢？答案是通过观察画面的品质。因为如果是实地拍摄的场景，画面的质感与从网站上下载的画面质感是完全不同的。不同的产品在宣传策略上着力点也各有不同，需要根据消费者的年龄层次、受教育背景、消费能力等而定。

解说词里也有一些真与假的信息需要你学会辨别。

1. 多用"最"字震慑观众。

企业的宣传片中通常会有配音解说，从配音解说词里就可以做初步的分析与判断。为了证明自己公司的实力，解说词中如果高频率地出现"行业最高""业界最强""国内最好"

之类的词，你就要注意了。因为这就是最典型的"王婆卖瓜，
自卖自夸"。

2.奖项名不副实、滥竽充数。

为了达到证明的作用，很多解说词会采用一些所谓具有
证明力的表述。比如，我公司产品获得"2018年度互联网最
具潜力奖"或者"第三届行业创意产品奖"之类的说辞。大
家都知道，很多奖项其实并没有多少公信力，无论是行业知
名度还是社会影响力，都远远不够，仅仅是为了炒作，或者
是举办某个活动的时候颁发而已。所以，对于那些在解说词
中大量罗列此种奖项的公司或者产品，你就要注意，这些通
常都是不靠谱的。

3.过度修辞，文化包装。

为了过度美化自己或者抬高自己，很多宣传片在介绍和
说明某家公司或某件产品时，会在解说词里大量地使用形容
词。为了形容一件事物，轻则把多个四字成语罗列上去，重
则把大家不太熟悉的诗词大量地罗列其中，给人营造虚幻的
场景或者彰显颇具文化色彩的意味。

4.铺天盖地生造词。

解说词中没听过的生造词概念频出，这时候你就要注意
了，这又是一个坑。它主要就是利用所谓的信息不对称，也
就是利用那些你不知道的概念、说法故作玄虚，让你"蒙圈"。
当你因为自己的孤陋寡闻倍感自卑的时候，这样的解说词就

达到目的了。

总之，学会解读视频信息，能够帮助你识别高大上宣传片中的谎言，帮助你更好地做出判断。

## 信息速记：帮你快速抓住核心内容

我的学生小李毕业后去了一家事业单位，有一次他代表部门去开会，会后回部门传达会议精神。他把在会上听到的内容跟同事们传达之后，部门领导表扬了他。领导说："传达会议这个事儿，表面上看是鹦鹉学舌，但其实里面学问很大。今天小李的传达内容清楚，重点突出，不愧是学播音的。不仅声音好听，表达还这么清楚。"领导还让小李介绍了一下经验。小李说，我们在口语表达课上接受过听辨能力的训练，要想把别人说的话记录并转述出来，且能抓住核心内容，还是有很多方法的。

小李同学说得没错，把别人说的话记录并转述出来，确实有很多方法。俗话说，"好记性不如烂笔头"，这记录里面的门道也不少。

现在很多人喜欢用手机来做记录，好处是方便存储，但也有不方便之处。首先是修改或者做标记，不如手写的笔记本方便。其次，如果利用手机做记录，也容易受到手机自身使用的干扰，比如随时会出现的各种推送，这些推送信息会干扰你的注意力。用笔记本记录除了刚刚说到的方便修改和标记以外，其实最大的好处是可以划分区域记录不同的内容。

大多数人记笔记就是把自己听到的认为重要的内容记录下来，复习的时候、考试的时候拿出来看一看，帮助自己理解、记忆知识点用。而我们所说的记录，不仅要把重要的内容记下来，还要以记录的内容为基础，向其他人转述出来。

记录内容的三大部分缺一不可，具体如下：

第一，关键的信息点以及定性的表述。

将主讲人所说的内容与你的理解相结合，把重要的信息点记录下来。比如主讲人提到的新概念、新表述、新口号、新说法以及数据信息，都需要记录下来。还有一点就是那些非常明显的定性表述，因为这样的定性表述是主讲人最核心的表述内容。所谓的表述，也就是那些传达出某些观点的说法，比如"今年上半年人事改革的这三步必须走完"，其中所说的三个步骤就是对"人事改革"的一个定性表述。

第二，讲话人的表达结构。

比如对方说，这个问题从以下四点来给大家介绍。你听到这儿的时候，就要在笔记本上做好标记，紧接着记下主讲人所讲的四点内容。你在转述时也可以按这四点来讲，你可以给每一点内容做好小标题，这样一来，别人在听你转述的时候，就可以很容易找到你的逻辑骨架了。

还有一种情况，就是发言人说话比较随性。开场时，发言人本来说要介绍四点内容，可是说完第一点之后，后面的第二点、第三点、第四点却没有明确说出来。作为转述者，你在记录的时候就需要把听到的内容进行信息归类。如果不这样分类，等你转述的时候，信息就犹如一盘散沙。

如果发言人说话结构不清晰，做记录的时候，你要根据自己的理解对信息做好分类处理，在转述时一定要先做好前提交代。

第三，记录你听到某一信息点时的感想、感受以及你对信息的理解。

在有些场合，当你转述主讲人的内容时，由于主讲人的权威地位以及发言内容的重要性，你只能充当"传声筒"的角色，将主讲人的内容还原即可。而在另外一些场合，在转述主讲人所说的内容时，你可以加入一些自己的思考与感受。比如，你代表研究所参加了某个论坛，回单位做分享时，你表达的内容既有论坛上相关专业人士发表的主题发言，还有你听完发言之后自己的专业感受。

在做转述时，需要注意以下四点：

第一，说明背景。

在转述时，你不仅需要转述主讲人说的内容，还需要把主讲人发言时的场景状态介绍出来。因为这些信息同样会影响信息接收者做出判断。

第二，做好解释。

影响信息接收者理解内容的关键，是对转述者所说的内容听不懂或者无法理解，比如一些新概念、新表述、新口号、新说法以及数据信息等。在转述的时候，你不仅需要把这些信息转述出来，还要进行必要的解释。这种解释的基础来源于你的理解。

第三，保守底线。

俗话说："照猫画虎，怎么也不是虎。"在转述时，我们可以做到把主讲人的意思转述出来，但很难做到把主讲人说话的语气也转述出来。但我们要记住一条：不刻意地歪曲事实，不添油加醋地去转述，只做客观的描述。

第四，总结精髓。

转述的最后一步是做一个小总结。你可以这么说："最后，我利用一分钟的时间跟大家简单总结一下这次会议的精神，核心内容是……"你看，这样的小总结对于听众来说再好不过了，即使他们开头没有认真听，最后也能有效地抓住核心内容。

## ⑦ 答疑解惑 3

**问题一**：宋老师，做就职演说的时候应该注意哪些点？如何在有限的 3 到 5 分钟时间内传递更多的信息呢？

**答**：在发表就职演说之前，你需要先做一个提纲，罗列一下你想要讲的内容，比如你对这个职位的理解，你个人的优势，你需要让你的团队成员具备什么样的工作能力和精神，以及如何在大家的帮助下履行好这个职位的职责，等等。

这里边最关键的是，你需要让那些即将与你合作的人了解你的目标、你的诉求、你能为大家带来什么以及你带的团队将为公司创造什么样的业绩等。

如果你需要在 3 到 5 分钟时间内发表演说的话，就要把你要说的内容按重要程度做一下排序，把最重要的事情排在前面说。因为一个人发言的开头部分是最吸引人的注意力的，好的开头从一开始就可以抓住观众的心。如果开头说不好，观众的注意力就跑了，后面你准备得再好，观众也没有心思听。

你可以把这 3 到 5 分钟时间进行分解，提前规划好每分钟要讲哪些内容。在每说一段内容之前，为这段内容拟一个小标题，让观众知道你接下来要讲的是哪方面的内容。

就职演说很重要的一点是要让人回味无穷，如何达到这个目的呢？把你准备的黄金句子放在最后来说，就能给观众留下深刻的印象。

**问题二：**宋老师，我们公司正在评选2019年度优秀团队，我很有可能会作为部门代表发言竞选。竞选稿除了总结2019年的工作之外，您认为还有什么需要注意的呢？如果需要上台竞选的话，要怎么做才能有力地展现自我呢？毕竟是为部门去争荣誉，因为参选的部门很多，如何才能确保在竞选中胜出呢？

**答：**这是三个小问题，我一一来回答。

第一个问题，你需要考虑的是，竞选稿内容是否齐全？你需要让你们团队的主要负责人帮你把关，看看你总结的内容是否齐全，是否能够代表整个团队的工作内容。

第二个问题，你需要考虑的是，你的竞选稿是否能体现一个团队的成长性？团队的成长性证明是团队竞争力最有力的一点。你需要思考一下，在2019年，你所做的哪些工作能够体现团队的成长性？成长的点又是在什么地方？比如刚刚进入职场的"小白"，经历过哪些项目，获得了哪些成长？另外，你们现在所做的哪些项目能够为你的团队加分？这种加分的东西能够让人觉得你们的团队和其他团队相比竞争实力突出，团队特点与众不同。

第三个问题，你需要考虑的是，你们团队的特征和当下公司对团队的诉求是否匹配？比如你们团队的创新性很好，或者制作大项目的能力很强，这种特质是否和整个公司在2020年即将展开的公司战略相吻合？团队的经验，是否能够解决公司的某些问题？

**问题三：**我来一家新公司三个月，连续两个月工作比较优秀，要上台领奖，需要分享一些心得。因为之前在发言时已经感谢过众多领导，这次发言就不知道该说些什么了，请宋老师帮忙指导一下。另外，我站在台上面对200多人发言时会紧张忘词，老是说不好，怎么办？

**答：**说感谢领导的话，领导永远不会觉得多。所以，要感恩或者感谢的话，可以一直说。至于上台紧张这件事，可以分阶段来解决。首先，把稿子写好，自自然然地背下来，然后上台去说。因为你发言的经验不多，所以把稿子写好，然后多录像、多听、多练习是最要紧的。其次，多抓住公开场合的演讲机会，熟悉一下这种大场合的氛围，体验一下在这种大场合讲话的感觉。

**问题四：**宋老师，最近单位空出几个职位，符合条件的可以参加竞选。论业务能力，我不输其他人，目前在单位也是业务骨干。但从年龄上来说，我比其他人小。我想先找领导谈谈自己的想法，也听听领导的意见。请问，在这样的谈话中应该注意什么呢？

**答：** 在你的提问里有一个细节，你说你的业务能力不错，是业务骨干，符合竞选条件，这些都是你从自己的角度出发去说的。那么你有没有考虑换一个角度去想，站在领导的角度来看，他们需要的是什么。你要考虑，这个职位之前的同事哪里做得不好，哪里做得好？特别是做得不好的地方，领导哪里不满意？针对这些问题，你是否能提出来一些合理化的建议，或者是一些具有可操作性的方法？

关于年龄小这一点，倒不是什么不利的条件，很多职位未必都是按资排辈的。所以，我觉得你去跟领导谈你个人的能力，这些东西放在最后再来说。你要站在领导的视角来看这个岗位，以此作为切入点来谈，你要让他觉得你是来帮他解决问题的。

**问题五：** 宋老师，您好！我因为对工作不是很满意，想要跳槽，现在已经找到了心仪的下家，但原公司办理辞职需要提前一个月，如果有特殊情况，提前几天也可以。现在的公司领导对我很好，而且现阶段有个很重要的项目交给我去做，我该如何跟领导说比较好呢？

**答：** 现在的客观条件是你已经找好了下家，想要离职，但是有重要项目在身，所以跟领导提离职比较为难，对不对？俗话说："人往高处走，水往低处流。"在任何单位，离职都是一件正常的事。所以，你只要按公司的正常流程办理离职即可。但是，因为有重要项目在身，所以，在同领导谈论这个问题时，你需要注意一下。你要想一下，此时此刻离职对你现在的公司将会产生什么影响？

当你想好了这件事后，你可以跟领导开诚布公地说这件事。你可以向领导提出大概一个月之后要离开公司的想法，并且，你要保证在这个月里把这个项目剩下的事情做好，然后做好交接工作。这样，即便你离职了，这个项目不会因为你的离职而受到影响。如果你能做到这些事情的话，也算是仁至义尽了。

**问题六：**宋老师，你好！我是一名高校教师，正在准备竞选学校设立的一个个人奖项，叫青年精英奖。竞选复审现场答题的PPT要求含基本情况、主要事迹、取得成果和亮点。介绍时间要求控制在8分钟以内，您觉得这种参与竞选评奖的PPT制作方面需要注意些什么？现场答辩时要面对一些领导，我感觉既要显得自信又要显得谦虚，但觉得不知道怎么把握语言表达才好，如何才能最大化地体现自己的优点，又表达得体，您能给我一些意见吗？

**答**：你提的问题涉及两大部分，一个是演讲部分，另一个是回答问题部分。我们来先来说一下演讲部分。演讲部分的要求已经定了，若是按部就班来讲，可能就不具有观赏性了。我建议你可以在讲这些基本情况的基础上，对自己要讲的内容进行一些包装。比如你可以在讲每一部分内容时，在前面加一个比较新颖的小标题。另外，演讲 PPT 里面图片要稍微多一点，因为图片的视觉性作用是特别强的，文字的话，听众可能会看不清楚。还有一点，演讲的 PPT 要考虑会场的大小、播放 PPT 的屏幕比例以及 PPT 上图片的像素等，建议你找一个专门做 PPT 的，他们在字体、字号、背景的使用上都会比较有经验。

关于现场答辩方面，我觉得你需要注意两方面，一方面是检查自己准备的情况，另外一方面是在上台之前要观察其他的选手是如何回答提问的，领导到底问了什么。你需要注意一下每个领导提问的规律，为你上场做一些心理上的准备。

**问题七**：宋老师好，我已经离开职场四年了，最近又回到我四年前工作的公司。重新回到工作岗位的我变得没自信了。下周领导让我做主持，跨部门给几十个核心干部开大会，论职位，大家都比我高，一想到主持会议还是有些小紧张，希望得到您的指导。

**答**：首先领导让你来主持，就说明了在领导的判断里面，他觉得你是最合适的人选。这是你建立自信最重要的底气。另外，我觉得他也希望给你一个机会，让大家重新来认识四年后的你，所以在这件事情上，你的领导给了你一个很好的机会。与其不自信，不如想着怎么把这个活儿干好，好好把握住这个机会。

说到具体的工作，你首先确认一下会议的日程。在前期的准备工作当中，你需要明白整个会议日程的每一项需要干什么，你需要跟谁来对接。在前期准备的过程当中，你就需要跟这些人打交道，这是你和他们建立联系的一个很好的机会。当然，在准备的过程当中，你还需要了解领导开这个大会的意图是什么。

在主持形象上，你也需要考虑一下什么样的服装发型和妆容是比较合适的。作为主持人，适当的紧张是必要的，它会让你更兴奋，让你不懈怠。但如果紧张过头了，就要想办法克服。你可以提前到场，跟自己的老同事打打招呼，互相问候一下，这样可以缓解你的紧张情绪。

**问题八**：宋老师，您好！今天公司所有人聚餐，吃饭的时候，各部门领导都会给每一桌敬酒，说的都是客套话。我坐的那桌是组合桌，大家也不是特别熟，别人来敬酒的时候都不知道怎么说才好，这个时候就觉得好尴尬。想问下您，实习生在参加类似公司聚会的时候，到底该说些什么比较好呢？

**答**：如果你所在的桌位是组合桌，建议你宜静不宜动。因为你不太了解其中复杂的人际关系，所以与其表现自己，不如不要表现来得好。如果有些聚会必须要参加，与周围的人关系不熟，在类似敬酒等社交活动中觉得自己不太善于应付的话，可以安安静静地不说话，这也没什么。

我这个人虽然性格比较活泼，但也不太喜欢这种应酬的场合。比如，我经常到外面去讲课，必要的时候需要和一些领导一起吃饭。因为关系不熟，所以当他们在谈一些事情时，我一般不插嘴。如果他们问我一些跟我的专业有关系的事，那我就直接回答。所以，我觉得实习生不用去过多地刷存在感，需要自己发言的时候不怯场就可以。

如果非要和旁边的人聊什么，我觉得聊你此时此刻吃的东西是最安全的。聊聊自己家乡的美食，平时喜欢做什么饭，这家酒店的特色菜等，这些都可以在饭桌上来谈。这样既打开了话匣子，又保证了所谈话题的安全性。

**问题九**：在面试的时候，当被问到为什么离开上一家公司，以及为什么选择这一家公司的时候，该如何回答？

**答**：在回答这个问题之前，请你先想一下，如果你是面试官，你最不愿意听到的理由是什么呢？比如说对于上一家公司的抱怨，特别是情绪化的抱怨。如果你的话语里满是对上家公司各种问题的抱怨，那么，无论你说什么，都会让人觉得你是一个充满负能量的人。这样，面试官的第一个判断可能会是你对周围环境的要求比较挑剔，所以这一点千万不要做。

但如果你说自己离开的原因是觉得在上一家公司没有上升的空间，能够得到锻炼和学习的机会太少了，已经看到了天花板，需要一个更高的平台帮助自己获得更多的锻炼，那么，这个理由是成立的。当你把辞职的理由归结到你想提升自己的能力，而原来的公司无法满足你的需求这一点上，就会显得比较好。当然，你还可以谈一些比较客观的原因，比如说交通问题、房租问题等。

那么，为什么要选择这家公司呢？你可以说一下这家公司在行业中的一些优势，比如说在行业中的地位以及发展优势等。另外，你可以结合你自己的职业规划去说，比如说你的个人目标与这家公司的目标比较一致，你想要提升的能力和所要应聘的岗位很契合，该岗位也正好能满足你自身的发展需求等。前提是，你要对你所竞聘的岗位有所了解，将自身的优势和岗位的需求结合起来，就比较容易打动面试官。

# PART 4

## 第四部分

### 即兴表达：

### 掌控人生关键时刻，一开口就征服听众

## 克服紧张：
### 熟悉稿件和环境，可以帮你缓解紧张情绪

很多人问，在领导和同事面前即兴讲话的时候，一张嘴说话就会非常紧张，怎么克服这种紧张情绪呢？还有很多人问，不仅即兴讲话时心里会紧张，只要在众人面前讲话都会特别紧张，该怎么组织语言才好？根据我的经验，在即兴讲话方面，无论经验多么丰富，一旦遇到比较重大的场合，大部分人都会紧张，只不过有些人总有一些独家方法帮助他们克服紧张情绪罢了。

每个人克服紧张情绪的方法各有不同，我把两种通过我的学生检验后非常有效的方法整理了出来，帮助你解决说话时紧张的问题。

**第一种：心理建设法**

紧张的时候做一下心理建设是最好的舒缓紧张情绪的方法。

　　我的一个学生小S之前有过高考面试失败的经历，打那以后只要去参加面试，他就会紧张，甚至紧张到嘴巴发干，连口水都没有。这种体验估计一般人不会有。临近毕业，他要去面试一所高校的工作，为了不再因为紧张而失去这么好的工作机会，他就来向我请教。我给他出了一个主意——心理建设法。

　　怎么来做自我心理建设呢？我让他在面试前在心里盘算这么几件事，比如说：面试的目的是什么？自己的优势和劣势是什么？如果对方抓住劣势不放，自己应该怎么处理？

　　相信你已经看出来了，心理建设法的核心就是给自己做一个评估。他听取了我的意见，在面试候场的时候，按照事前我教给他的办法完成了一次心理建设。第一，面试的目的是为了获得留京工作的机会。如果获得机会，那就太幸运了；如果没有获得，也没有关系，因为就在一周前，一家单位已经决定录用他。所以，即便这次没有面试成功，也不会影响他留在北京工作。第二，分析自己的优势和劣势。他的优势是从本科到硕士都是在"211工程"大学就读，读硕士时的导师在业界也知名，自己试讲的时候表现得也不错。劣势是什么呢？刚毕业，缺少教学经验，可是谁一毕业就会上课呢？

　　小S做完了面试评估以后，对自己的能力有了比较准确的定位。做准备工作的时候，他有了方向，也就有了一定的把握。面试当天，虽然他心里还是有那么一点点紧张，但因为提前做好了准备，所以面试的过程越谈越顺，到最后非但不紧张了，整个人的表现反而渐入佳境。

这时候你一定会说，宋老师，心理建设法真的那么管用吗？如果我到时还会紧张，那怎么办呢？其实，一个人产生紧张的心理，通常会有一个明确的焦虑点，顺着这个焦虑点，人会把自己拉进死胡同，一旦走进这个死胡同，就会格外紧张。自我评估的目的是帮你做好综合性的通盘考虑，一旦你走进死胡同，之前的通盘考虑就可以作为你的自救法宝出来保护你。很多人在面试的时候，容易把注意力全部放在每一个具体的问题上。如果用自我评估来做心理建设，可以让你在面试前做好通盘考虑，规划好自己的观点框架。这样，即便你的节奏临时被打乱，你仍然可以快速回答事先准备好的内容，再去展开陈述。

除此之外，丰富的内心戏也是很多人产生紧张感的原因。一个人出现紧张情绪之后，为什么会越来越难摆脱这种情绪呢？因为主讲人把注意力都放在了负面思维上，比如：评委是不是不喜欢我？领导是不是对我印象不好？如果我表现不好，同事们怎么看我？做心理建设可以帮你摆脱这种内心的焦虑，转移到你需要讲的内容上来，让你的内心不再受杂乱思绪的困扰。

## 第二种：注意力转移法

还有一些人会在即兴讲话之前产生紧张情绪，但只要嘴巴一张，紧张的情绪就会缓解很多。如果你是这类人，可以选择注意力转移法。

2003 年，我参加了一个国际学术研讨会，需要在很多播音专业的老师面前发言。那是我第一次参加这种级别的会议，别提多紧张了。紧张的原因是什么呢？担心自己由于紧张讲起话来气息不通畅。学习播音专业的人都知道，在气息不通畅的情况下，声带就会发抖，就会出现声音不悦耳的情况。为了克服紧张情绪，我就找当时坐在我身边的张妙阳老师聊天。当主持人叫到我的时候，我还没有从刚才聊天的状态中抽离出来，所以也就不会紧张。

很多时候，我们讲话的紧张情绪是完全可以避免的。那些优秀的主持人在表达时能够做到心里不紧张，是因为他们做了专业化的准备。如果你能像他们一样做好这些前期准备工作，你也就不会紧张。

第一步，稿件不是背出来的，是打磨出来的。

很多人在公开场合讲话之所以紧张，就是因为担心自己忘词。你之所以忘词，是因为对稿件的内容熟悉度不够，讲话稿打磨的时间太短。在大家熟悉的节目《我是演说家》里，每一位选手镜头前的表现都特别专业，这背后的原因是什么呢？是前期无数次打磨的结果。大家只看到了选手的最终呈现，不了解他们背后的专业化准备。

对内容的熟悉度，并不是靠一遍遍地背稿子形成的，因为机械地背稿子容易让人产生心理负担。既要记住内容，又不要机械地背稿，最好的方法是什么？改稿。只有不停地修改稿件，主讲人对稿件的熟悉度才会增加，对于内容的整体把控才会做到心里有数。从第一版到最后站在台上讲的那一版，每一版主讲人都要亲自操刀，亲自修改。

第二步，带着稿子改PPT。

一般我们在做PPT时，要先写文字稿件，再依据文字稿件去制作PPT，这么做可以保证内容的完整性。如果不写文字稿，只写PPT，依据PPT做汇报，你很容易丢三落四。如果内容有改动，在正式演讲的时候，这部分PPT就会成为你说话紧张的源头。因为你对内容没那么熟悉，站在舞台上讲话的时候，看到生疏的地方，就会反应不过来，进而马上产生紧张情绪。如果你事先把稿子打磨好，依据稿子做PPT，就不会存在这种情况。

第三步，熟悉环境，事前演练。

还有一个紧张的源头，那就是环境。一些很重要的演讲，主讲人心里本身就紧张，如果是在陌生的场景里，那简直就是"雪上加霜"了。所以，事前熟悉讲话的环境，是特别重要的前期准备工作。测试设备的时候，在条件允许的情况下，尽量多彩排几遍。对于主讲人来说，站在舞台上感受灯光，感受周围的环境，是很有必要的。

面对自己已经非常熟悉的环境，心里还是紧张，该怎么办呢？再分享一个小策略给你。你可以巧妙地安排观众的座席，以此来减少自己的紧张情绪。比如，你可以把和你关系比较好的几位同事安排在观众席不同的位置，这几个位置就是你与观众交流的视线交流点。你一抬头往左边看，就看见你的 A 同事；往中间一看，就看见你的 B 同事；再往右边一扫，就是你的 C 同事。无论你的视线落在哪里，都是自己熟悉的同事，还会紧张吗？当然就不会了。

其实从播音的专业角度来说，一个人在公开场合说话的时候，心里稍微紧张一点儿会使主讲人在生理上更加兴奋，从传播效果上来说会更好一些。如果紧张到影响你的演讲效果，那就需要克服紧张情绪了。

## 打好腹稿：
## 四种打腹稿的方法，帮你灵活应对即兴讲话

职场上大家都特别羡慕张开嘴说话逻辑清楚、表达流畅、言之有物的人。其实不论是谁，说话之前，如果不在心里盘算一下，都不会说得那么有条理、那么清楚。即兴讲话之前到底需要做哪些准备，才能做到张嘴就说，而且表达流畅呢？这其中最好的办法就是打腹稿，打好腹稿是即兴讲话之前最需要做的准备。

什么是打腹稿？打腹稿是指在心里将要说的内容做一个梳理，搭建说话的逻辑结构。这个腹稿依据个人的情况而定，既可以是提纲性质的，也可以是具体的文本内容。

就拿出镜记者在新闻现场做报道来说，表面上看，记者都是张嘴就来，但其实私下都是要做些准备的。在时间充裕的情况下，记者会打一个比较具体的腹稿。比如，说一起交通事故中车主闯红灯的信息点，第一句怎么说，第二句怎么说，在说之前都需要打腹稿。

如果没有经过专业的练习，想快速地在心里或者是头脑里梳理要说的话，对于很多人来说是有一定难度的，这时候你就需要从最基础的练习开始做起。所以，想要打好腹稿，

先得从纸面的提纲练习说起了。因为只有把落实到纸面的提纲写好，才能在没有纸和笔的情况下，仅仅依靠头脑把提纲搭建起来。关于如何打好腹稿，有以下四步具体的操作方法。

## 第一步：一句话概述法

前几天我在辅导自己的研究生写新闻评论时，我把新闻材料给了他们，要求他们写一个评论的提纲。这条评论的要求是 300 字，可他们交上来的提纲就有 150 字。举这个案例是想告诉大家，无论是新闻评论还是提纲，最基本的要求就是尽量用最少的字对自己的观点进行高度概括。

一句话概括法最好是一个判断句。比如面试之前你需要做一个自我介绍，你可以从三方面来介绍自己：第一，工作能力全面，业务熟练扎实；第二，具备合作精神，团队合作较多；第三，积极主动地进行自我能力的提升。上面这三句话就是一个比较好的腹稿。第一点侧重于工作能力，第二点是团队合作，第三点是自我提升。

为什么如此强调一句话概括法呢？因为打腹稿的目的是为了顺利说话，有稿可依。稿子最重要的特点是简单好记，做到言简意赅。所以，一句话概括法方便内容生产，方便撰写提纲，更方便打腹稿用。只有学会了一句话概括法，你列出来的提纲才会自然形成逻辑脉络。

纸面的提纲你会写了，这打腹稿的提纲式方法就会使用了，只是一个落在笔头上，一个落在心里头罢了。

### 第二步：重复叠加法

打腹稿的难点是在没有纸和笔的情况下，全部凭借记忆力，在心里把一个实实在在的提纲或者是文本内容草拟出来，同时还要应对自己时不时出现的新想法，对之前想好的内容随时进行修改。在脑海里进行一项像橡皮擦一样的涂改运动，不是一件简单的事情。很多人打腹稿只能列出三条，假如要修改一下中间的某条内容，之前想好的第三条就很容易在讲话时想不起来。因为最新修改的内容印象深，而稍早一点的内容想起来就有点难了。如何避免这种情况发生呢？你可以参考使用重复叠加法。

还拿刚才的自我介绍的腹稿来说：第一，工作能力全面，业务熟练扎实；第二，具备合作精神，团队合作较多；第三，积极主动地进行自我能力的提升。

如果你想对第一点和第二点进行修改，第三点原封不动，在修改这样的腹稿时，你需要这么做：先改好第一点，将修改后的内容在心里逐字默念，不断加深记忆。然后修改第二点，在念完第一点内容后，紧跟着默念第二点的新内容，同时还要尽快地把第三点顺着说出来。这样新想法和老主张都会"镶嵌"到你的头脑中。

其实，重复叠加法就是通过重复与衔接不断加深记忆的方法，最终达到在脑海里打腹稿、修改腹稿、整理腹稿的目的。

### 第三步：灵活衔接法

这腹稿打起来不容易，运用起来也不容易。真正想即兴表达起来有稿可依，还需要使用灵活衔接法。稿子是在脑子里打出来的，使用这些稿子需要灵活一些。

央视节目主持人白岩松曾经告诫一些年轻的记者，做现场报道的时候不要背稿子。直播时由于紧张或者是其他原因，你忘了一句话，虽然你的嘴巴在往下说，可是你的眼神一定会出卖你。你的眼神会很明显地告诉观众，你在想刚才的第二点应该是什么。机械地使用事前准备的内容进行报道的时候，一定会对表达的内容造成损伤。

即兴讲话最大的问题就是不确定性的因素突然出现。很多人在职场上即兴讲话，会遇到说着说着自己就说不下去的情况。出现这一问题的原因比较复杂，但是解决这一问题的基本原则倒是容易总结出来。因为大多数人遇到这种情况的时候，都是努力地回想自己之前打的腹稿是什么，越着急就越想不起来。这时最好的自救办法就是放弃之前已经打好的腹稿，另起炉灶开始说。

那么，另起炉灶说什么呢？想起哪条说哪条，无须按照之前的顺序说。你需要从之前努力回想发言的顺序转为想起什么就说什么。

比如从第一条开始说，但如果你说到第三条的时候想不起来了，那就直接奔着第四条去说。这时候只需要在衔接第四条的时候，做好信息的承接表述就好了。

比如在做自我介绍的时候，你说完"工作能力"之后，想不起接下来要说什么了，只想起了"协作意识"这项内容，那就可以直接说协作意识这条。"说完了我的工作能力，接下来我说一下我的协作意识。"你看，这么说不是也行吗？谁会知道你的第三条想不起来了，你是奔着第四条去的呢！如果没有想起第四条，就把之前说过的第一条和第二条总结一下。也就是说，即使打了腹稿，也不能墨守成规。

其实，意识打乱了，说话的顺序还是好处理的，最头疼的是一紧张啥都忘了。如果之前所有打好的腹稿一着急都想不起来了，怎么办？主讲人如何面对这一尴尬情境呢？

其实，坦诚地说出自己有点紧张，也是无伤大雅的。灵活使用，是将打好的腹稿付诸实施的时候必须遵守的原则，否则你就是画地为牢了。

### 第四步：对比总结法

每一次利用打好的腹稿即兴表达之后，还有一个环节就是对比总结法，即自己最后呈现的内容一说完，趁热打铁，就马上用书面的形式把它记录下来。

这么做的目的是帮助你去回忆自己在即兴讲话的时候，知道哪些内容是基于之前打好的腹稿而说的，哪些内容是自己即兴说出来的，进而了解自己为什么会即兴说出这些话来。腹稿是一个有核无形的存在，锻炼的是一个人的"心劲儿"和"脑力"，对于个人的表达准备能力要求比较高，在学习和使用时更是一个循序渐进的过程。

# 自我过滤：
## 说话前多思考一下，才不会词不达意

即兴讲话时，每个人出现的问题各有不同。我的一个学生在公司做中层领导，他是个急性子，脑子快，嘴巴快，给下属开会的时候，常常由于说话不过脑子，给自己的工作带来很多麻烦。他的下属对于他"出口伤人"很不满，找到上级领导反映情况。为此，这位学生找到了我，经过一番对话，我发现他说话时最大的问题就是词不达意，一着急起来，想到什么就说什么，言语直接，容易让人产生误解。

我把我们的谈话录了音，10 分钟之后播放给他听。不听不知道，一听吓一跳。其中有三四处他都让我暂停播放，进一步跟我解释他的真实本意。

生活中，经常会听到有人这么说，"他那个人说话不过脑子"。这句话指的就是一个人在说话的时候，没有过滤信息就说出去了，轻则得罪人，重则引发纠纷。人们常说"祸从口出"，那么，如何避免因为词不达意造成祸从口出的问题呢？

你需要了解信息的自我过滤。什么是信息的自我过滤呢？过滤，即通过某一个装置，将一些流动的液体进行提纯、净化。说话的时候，我们也需要对大脑中的信息进行过滤。过滤得不好，主讲人就容易说错话；过滤得好，表述起来则会更加精准。由于完成信息过滤的行为是主讲人自己，所以这就是信息的自我过滤。

那么，如何才能做好信息的自我过滤呢？

## 第一步：先想后说很重要

人人都知道先想后说很重要，但很多时候我们却做不到。比如你拿着手机刷抖音，看得正起劲，你妈让你洗手吃晚饭，这时候你一定嘴上答应着，手机却没有放下来。"来了，知道了！"你的这几声答应保准是没过脑子就说出来的。

你之所以不过脑子说话，一方面是你的注意力被占用，分身乏术，一方面是缺乏对信息进行自我过滤的意识。一个说话严谨的人，在说第一句话的时候，已经想好了第二句和第三句的内容。他们说话时语速不会很快，但会不停地去想接下来该怎么说。

对于毫无经验的人来说，一下子进入先想后说的表达状态有点难。所以一开始自我训练的时候，可以把语速先降下来，想一句说一句，不要怕慢，通过不断练习就会养成说话过脑的习惯。

## 第二步：话语质量须保证

即兴讲话的难点不仅在于说什么，更重要的是要知道如何做到不踩雷，别说错话，也就是要保证说话时的话语质量。话语质量包含一个人说话时用词准确、表述准确、语态准确等。

要想做到用词准确很难，因为汉语中近义词、同义词实在是太多了。每个人因受教育程度不同，脑子里储备的词语量各不相同，对于词的理解也多多少少会存在差异，这也是很正常的。诸多的差异，最终都会影响到主讲人即兴讲话的水平和能力。如果词用错了，表达的基本意思一定会变形。所以，要想提升话语质量，重点要放在词语的积累和使用上。

除了用词准确之外，话语质量还有很重要的一点就是要表述准确。每个人都有自己的说话习惯，有的人喜欢说长句子，有的人喜欢说短句子，有的人喜欢书面语表达，有的人喜欢说大白话，还有的人说话时有口头禅。无论怎么说，都要注意保证表述准确。

## 第三步：区分"大我"和"小我"

人们在说话时会被两个角色主导，一个是"大我"，一个是"小我"。比如领导开会说，目前公司需要加强人员的进一步管理，打卡系统需要升级。作为部门主任，你在表态时会说升级打卡系统这件事很好，这是"大我"，可私下里，你是很讨厌打卡的，这是"小我"。在职场上，每个人都会有"大我"和"小我"两个分裂角色，"大我"负责外部展现，"小我"负责内部审查。"小我"可以自由发挥，但在表达时，需要展现"大我"，所以需要过滤掉"小我"中不恰当的部分。

比如公司开会，你被领导叫起来，就新产品的宣传推广计划发表意见，你心里对这一计划不满意，但是一开始就泼冷水显然不合适。

在这个过程当中，"小我"的心理活动是通过察言观色，要给"大我"输出一个警示，要求"大我"改变说话策略。如果按照之前的策略说下去，一定会得罪人的，你此时必须改变策略，保证话语说出来让人舒服。

即兴讲话时，"大我"和"小我"需要相互照顾，"大我"负责社会身份的表达，"小我"需要做好秘书工作。"小我"在信息过滤的过程中具有多种作用，包括选择什么词汇，考虑词汇的情感色彩等。除此之外，还有同义词、近义词的使用，语义表述的精准与否等。

只有做好了信息的自我过滤，你说出来的话才能更加让人信服，才能做到"把话说到点子上"。

## 幽默救场：积累幽默段子，运用幽默感灵活救场

很多公司都会有团建活动或者是部门聚会，为了活跃气

氛，活动中也会设置游戏，或者邀请同事上台展示才艺。这时候你可能会发现，一位平时不显山不露水的同事，竟然会是"一匹黑马"，让人眼前一亮。而自己从小到大没学过钢琴、舞蹈、音乐，一点儿文艺细胞也没有。这种情况下，如果被同事临时叫上去做暖场，该怎么做呢？

学会幽默救场，是职场人必备的一项技能。而要掌握这项技能，借力使力是核心理念。下面有三种方法可参考。

### 第一种，动态提问互动法

暖场策略中最有效的方法就是互动。团建和部门聚会这类活动，最重要的是调动起现场观众的参与意愿，参与者与主讲人能互动起来，营造出活跃的活动氛围。互动过程中，参与的人数越多，互动的范围就会越大，效果也就会更明显。如何才能最大限度地提高互动效果呢？

提问互动很简单，就是事先设计问题，然后向现场的观众进行提问。那动态提问又是什么意思呢？动态提问是指在完成互动任务的同时，让参与互动的观众不仅能动嘴，还能动胳膊、动腿，一句话就是动起来。

比如，我的学生曾主持过一场关于白岩松的演讲活动，他就用动态提问的方法设计了一个非常新颖的暖场环节。在活动正式开始之前，我的学生先让现场所有的观众站起来，接下来他开始提问，一共是 10 个问题，知道答案的观众继续站着，不知道答案的观众请坐下。提问到最后一个问题的时候，全场站着的只有一位女性观众了，也就是只有她表示自己知道答案。这最后一个问题是，白岩松的生日是哪一天？全场的观众都把注意力齐刷刷地投放在那位站着的女观众身上，当她说出具体日期的时候，活动主持人大声宣布："她答对了！"全场观众都非常开心，因为所有的希望都寄托在她一个人身上，她果然不负众望。

你也可以采用动态提问法，在做暖场的时候，让全场观众起立，围绕公司业务或者是其他相关的事情提一些问题，让观众参与其中。当然，互动的方式有很多，除了全场观众参与之外，还可以让某一个部门、某一个区域的人参与等，只要你灵活多变地使用这种方法，你就能活跃现场的气氛。

## 第二种：感召共鸣法

看到上面这句，你是不是想起了那首儿歌？暖场的关键就是暖，想要暖就要燃，想要做到燃，就要唤起集体的记忆和集体的行为。

"假如幸福你就拍拍手"的意思就是设计一些能够唤起

大家共同记忆的内容，比如唱经典歌曲，或者做一起玩过的游戏等，总之就是要保证人人都能参与进来，要做到歌词简单容易记，动作简单容易学。假如你参与的是一场高中或大学的同学聚会，暖场的时候，最好的办法就是大声唱出伴随你们青春岁月的歌，唤醒大家的青春记忆。

### 第三种：拜托法

我看过很多节目的录制，也参与过很多团队的活动，见过资深导演来暖场的，看过实习生暖场的，也看过大咖主持人亲自来暖场的。我发现，要想做好暖场，说话的时候都要采用"捧、逗、撑、谢"的表达策略。

先说一下"捧"。一上场就称赞今天到场的观众素质高，男的帅，女的靓。取悦观众是很多人常用的一种策略。

"逗"就是把陌生人逗乐，而利用自嘲的方式把陌生人逗乐是很多人经常采用的一种暖场方法。

"撑"是主持人暖场时经常使用的方法。但是要注意一点，如果是在职场上，你所"撑"的那个对象最好是你们平时关系比较好，或者大家都拿他当"开心果"，能开得起玩笑的同事。如果"撑"错了人，结果就会很尴尬。

"谢"就是感谢到场观众的全力配合。

运用以上这四步表达策略来暖场，你需要做的就是通过向在场的人求助来完成互动，达到"点燃"全场的一个目的。由于这种游戏的方式带有一定的娱乐性，观众的好奇心就会被调动起来，跃跃欲试的人也会增多，现场的气氛一下子就会轻松起来。

有时候，一个人在台上想要暖场有点难，因为"独角戏难唱"，这时候你的办法是不要把自己一个人晾在上面。你可以找一位"活跃分子"来帮忙，你需要主动发出邀请，无论是央求也好，智取也罢，总之通过有调节现场气氛能力的同事来帮忙，可以使你避免陷入困境。

除了用互动来调动现场的气氛，在话语的表述上，如果你能加入适当的幽默元素，即使不唱歌、不跳舞，相信也可以让大家眼前一亮。

在现代职场上，一些崭新的工作方式和交流方式给我们提出了新课题。如果你能展现一些自己的幽默感，就能让自己在职场上更受欢迎。那么，如何在平时培养自己的幽默感呢？下面介绍一些基本方法。

第一，幽默意识先培养。

一个人的幽默能力确实是天生的，但这并不等于说后天学习没有用。培养幽默意识，最有效的方法就是亲自体验和尝试。现在很多城市都有脱口秀的俱乐部和"开放麦"，如果你所在的城市有这样的地方，一定要亲自体验和感受一下。你可以先去听一听，然后鼓起勇气上台去说，当然上台说之前需要准备一下，可以尝试做一段简短的一分钟的表演。如果你能通过这样的练习让陌生人发笑，就可以有效地提升自己的幽默表达能力。

还有一种幽默的培养方式，是看弹幕。很多有趣的"梗"、网络热词或者段子，大多来自于网友发上去的弹幕。想要利用幽默元素，首先是手里得有"干货"，积累一些当下最受欢迎的"梗"和段子作为"子弹"，你就能幽默救场。

第二，在社交平台找素材。

除了体验脱口秀、看弹幕找段子之外，现在很多社交平台也是流行语的聚集地，还有一些幽默博主的视频，都可以让你快速获得有效的幽默素材。幽默表达不仅仅是口头上的话，还包括幽默动作，这些都可以发挥娱乐的效果。了解和使用最新的流行语，这样想要幽默救场才会有计可施。

第三，在同事面前预演一下。

最好的预演时机就是和公司同事一起吃午饭的时候，大家边吃边聊，气氛相对轻松一些。这时候明星娱乐、追剧心得成为大家聊天的主要话题，你可以选择在这个时候"小试牛刀"。

你可以从在追剧弹幕中学会的最新、最搞笑的"梗"开始，即兴表演一段一分钟的脱口秀。总之，不要去理会时间的长短，只要能把大家逗乐，就达到目的了。

# 即兴汇报：把握展现工作能力的好机会

即兴讲话的场景各有不同，除了例会时临时被叫上去发言之外，还有一种情况让很多职场人士心惊胆战，那就是给领导做汇报，特别是临时被抓住汇报工作。本来即兴发言就已经让人很紧张了，再加上面对领导，你肯定会感觉压力很大，生怕自己说不好，给领导留下不好的印象。那么，这种情况应该怎么办呢？

想要即兴汇报时出彩表现，三大策略需记牢。

## 策略一：明确汇报主题

对于来巡查的领导来说，他对你们公司各部门的了解未必全面。一家企业的发展是很多层面的，比如公司战略、新产品开发、人事变动等，所以领导需要了解的内容也是多方面的。在巡查时临时起意，腾出来几分钟的工夫让你来介绍情况，你就需要在明确汇报主题的情况下来完成汇报工作，如果工作汇报没有围绕汇报主题进行，相当于一艘轮船在大海里航行时没有目的地一样。

在发言前，你需要先明确发言的主题，这样会方便你快速地在脑海里调取与主题相关的信息，做好打腹稿的工作。对于听汇报的领导来说，一开始就知道了你要说的主题，听起来也更容易有获得感。比如，你要向领导介绍一下你们市场部的新活动"春耕亲子游策划方案"，一开始就可以这么说："各位领导好，我是市场策划部的张小虎，欢迎各位领导来我们部门指导工作。今天由我来给各位介绍一下我们市场部的春耕亲子游活动。以这个新产品为切口，介绍一下 2020 年我们新产品的运营思路和产品模式。"

### 策略二：自问自答

说完了明确汇报主题，接下来进入到即兴汇报的主体内容了。汇报工作想要有特点，让领导有耐心，并且感兴趣地听下去，抓住领导的注意力是关键。那么，如何说话才能让领导把注意力都放在你身上呢？自问自答是一个好办法。

一般人在汇报工作的时候，主要采用的是陈述式的表达方法。通常这么来说："各位领导，我来给您介绍一下目前新产品的开发方向以及本年度新产品的战略升级。先说一下新产品的开发方向，我们主要围绕一个中心、两个路径来进行，一个中心就是……两个路径就是……"

你听着是不是都要睡着了？汇报工作最怕的就是内容虽好，表达却显得很沉闷。如果换成自问自答的方法，在内容饱满的同时，一下子会让汇报气氛呈现截然不同的效果。比如，你可以这样说："说起我们部门今年的新产品，今天早上出门您抬头看到了什么？对，柳树都开始发芽了，春天来了。那么，我们的产品在这样万物复苏的季节，怎样迎接自己的春天呢？我们根据目前最新的市场调查发现，亲子活动主要集中于室内的项目比较多，所以我们这次提出的理念是'春天的样子，我来体会'。有人会问，怎么让小朋友感受到春天呢？我们的做法是……"

你发现了吗？多加了三个问句，这段介绍听上去就生动、有趣多了。

为什么自问自答可以产生这样的神奇效果呢？因为这种方法会让听众有代入感。做汇报的你，通过抛出一个个提问，就能把在场的领导的注意力集中起来，然后带着他们一起去思考，借助生活中的体验，从而产生共情气场。

## 策略三：结尾处打"强心剂"

"编筐编篓，重在收口"，即兴汇报的结尾也至关重要。因为能不能给领导留下深刻印象，就在这最后的 30 秒。大多数人会用口号式的结尾，把公司的理念、最新一年的目标等一些带有鼓动性的内容高呼出来。这种方法有可取之处，毕竟在职场上除了汇报工作内容之外，还要向领导展示"撸起袖子加油干"的干劲，所以使用口号式的结尾也是参考方法之一。但是，喊口号需要注意的方面有很多，比如前面的陈述要做好铺垫，用词要简练又有力量等，否则就难以给人留下深刻的印象。

那使用什么样的结尾才可以给领导留下深刻印象呢？我们知道，能够触动人性情感的才是最妙的做法。公司追求的是利益，但是没有人心，利益的获取就缺少了灵魂。想要公司的员工有归属感，人情味是关键。所以说，最后可以用你自己的经历或者感受来作为结尾，这样既可以凸显你的存在感，又可以体现公司的人文气息与归属感。

我的师姐李小萌在《人物》杂志"2018 年度面孔·女性力量盛典"的演讲结尾，就使用了这样的策略。她是这么说的：

"我第一次感觉到来自自己的安慰，一个真正触达灵魂的安慰。打拼这一年，我发现对于女性来讲，相对于经济的独立，更重要的是内心的独立。安慰不是祈求其他人给你的，而是给自己的。而这种成长是哪来的？我仍然要感谢母亲这个角色。在这七年当中，我一直在想我如何做一个好的母亲，如何接近母爱的本质，如何成为我女儿的容器。没想到母爱反过来关照了我自己，我也成为自己的容器。"

这段话说出来，是不是给人以很强的内心震撼？这样的结尾表达出来给人的感觉是真诚的、炙热的。

关于即兴汇报，还有几点需要提醒你：

第一，以领导的讲话来收尾。

除了完成你的工作汇报之外，你还需要抛砖引玉，把领导请上台来讲两句才是关键，让领导为你的汇报或者是为公司的工作提出一些建议，这一点千万要记住。等领导讲完话后，你的汇报才真正结束。

第二，限定时间做汇报。

在做汇报之前，对于自己的讲话需要花费多长时间，你需要做一个明示，这样可以让在场的人做到心中有数。比如说做 8 分钟的工作汇报，开头和结尾各用 1 分钟，中间的 6 分钟就可以分为三个部分，每个部分讲两分钟。先把时间划分好，再按照语速和字数把内容塞进去，一个有逻辑、有思路、有内容的即兴工作汇报就构思完成了。

第三，汇报中穿插一些公司小事。

如果即兴汇报中的内容都是跟工作有关，听上去就会显得有点枯燥。这种面对面的汇报是最直接的人际沟通方式，想要人际沟通的效果更好，只讲工作的内容是远远不够的，你还需要加入一些软性题材的内容，比如发生在工作中的趣事，发生在同事之间的励志故事等，这些都是非常好的软性题材。这些内容会让听者在接受核心信息的同时，满足自己的情感需求，从而对你的汇报印象更加深刻。

这些软性题材内容积累的过程也是你加深对同事了解的过程，主动去发现他们身上有哪些值得你借鉴和学习的优点，不仅能帮助你不断提升自我，对你的职场人际关系也会大有益处。

第四，日常工作勤记录。

关于即兴汇报，很多人认为这是小概率事件，自己遇上的可能性不大。但我想说的是，机会永远是留给有准备的人的。一次即兴汇报，不仅是汇报，还是你个人能力展示的舞台，因为这几分钟时间就属于你一个人，全场的注意力都在你这里，你所有的工作能力都可以完整地展现出来。

所以，平时对于部门工作要留心，不要把注意力仅仅放在自己身上，还要关心部门乃至整个公司的日常工作，随时随地做一些备忘录，把那些值得关注的人、情、事全记录下来，在年终总结的时候作为对自己很有用的题材。

## 醒耳之句：让金句成为你演讲的灵魂

所有的表达都可以只用一句话来概括。你在听完一篇演讲或者是一场汇报走出会场与他人分享的时候，一定会复述那句给你印象最深刻的话。从专业角度来说，这叫黄金句，也就是醒耳之句。

主讲人在创作表达内容的时候，有意设置金句的目的只有一个，就是为了触及听众的内心深处，抵达灵魂，让人记忆深刻。

美剧《权力的游戏》中有一场特别重要的戏，剧里有一位叫提利昂·兰尼斯特的侏儒，他背负着谋杀国王的罪名被起诉到法庭。在法庭上，他发表了一段自辩宣言，也是一段热血沸腾的个人演讲。演讲中的这些话使得这个人物的形象从此得以鲜明地确立起来。

当天，被宣判罪名后，他说："是的，父亲，我有罪。你们不就是想听这句吗？我有罪。我的罪就是生为侏儒，我的一生就是一场对侏儒的审判。我没有毒杀国王，但我希望是我干的。我真希望我就是你们想象中的那头怪兽。"

这段演讲中最重要的一句是"我的罪就是生为侏儒，我的一生就是一场对侏儒的审判"。因为先天的缺陷，他生来就遭受歧视，这种歧视在他的演讲中成为最耀眼的句子。虽然他是个头矮小的侏儒，但是他的气场无比强大。

一段讲话中如果没有醒耳之句，就像生命无光一样可怕。那么，醒耳之句怎么写？放在哪里比较合适？一篇讲话中需要多少醒耳之句，它们之间是一种怎样的关系？如何把醒耳之句中的作用发挥到最大呢？我来一一解答。

先说一下醒耳之句的那些创作方法。

### 创作方法一：主题法

一篇演讲也好，一段讲话也罢，最好有一个题目，这是吸引听众最直接、最有效的方法，所以给自己的演讲和讲话起一个好题目是需要好好琢磨一下的。

最近我的学生正在上演讲课，我给出了一个半命题的演讲题目："谢谢你，让我知道_____"，学生可以根据自己的演讲稿的内容将主题添加进去。

有一位同学写的是自己的钢琴老师。通过跟钢琴老师学习，她第一次触及到了音乐之美。她为这篇演讲起的题目是"谢谢你，让我知道了什么是真正的热爱"，但是我在她的演讲稿中并没有发现她多次提到"热爱"这个词，反而提的更多的是"心动一刻"。后来我就建议她将标题修改成"谢谢你，让我知道了什么是心动一刻"。

主题词是你演讲的灵魂所在。当你定好了这个主题词，听你演讲的人就会在你的引导下，带着这些疑问去认真聆听你的表达。

### 创作方法二：暗示法

除了把主题明明白白地点出来，通过暗示法制造出醒耳之句也是一个好方法。不过要注意的是，用暗示法制造出来的黄金句，它的作用不是为全篇服务的，主要是为某一段落的寓意服务的。

想要暗示能被听众感知出来，你还需要点小设计，就是前后句上的逻辑扣，这样听的人才会被点醒。

我的师姐李小萌在《人物》杂志"2018 年度面孔·女性力量盛典"的演讲中，几处段落采用了暗示法并加上了醒耳句。

从央视辞职之后，李小萌在家带女儿，她说："我去幼儿园接我女儿，我在一边无聊地刷着手机，而旁边一位显然是职场妈妈，她在用手提电脑迅速地处理工作。其实这是蛮普通的一个画面，可它在我的脑海里停留的时间之久，显得有点不合常理。在那一刻我发现，原来看着别人工作，我就像是嘴馋地看着橱窗里的冰激凌的小孩。"

接下来她介绍自己找工作的经历，这些经历让她有了新的认识，她说："这样一个找工作的过程，大概持续了有三个月。一百天的时间里，我把自己折腾了一下，后来我就想再这么折腾下去，我那个橱窗里的冰激凌就该化了。"

听到这儿，你是不是发现了什么？之前李小萌想要工作的时候，提到"一个嘴馋地看着橱窗里的冰激凌的小孩"，当折腾一番没有着落的时候，她又说"再这么折腾下去，我那个橱窗里的冰激凌就该化了"。在演讲中，冰激凌是有寓意的，暗示着她想重新复出的决心。这样的暗示手法既符合主讲人的内心世界，又可以让听众享受到语言之美。

### 创作方法三：点题法

通过点题制造出来的醒耳句是演讲中经常使用到的，它的创作要领是非常值得分享的内容。

通常来说，醒耳句不会超过 20 个字。因为字数一旦多，醒耳句的逻辑表述就会出现多个层级，不利于传播。传播广的醒耳句需要朗朗上口，给人以新启示、新思考及新动力。

想要写出朗朗上口的醒耳句，平时就要多做词语的积累，并且多练习写作。

那么，如何在朗朗上口的基础上再提升一点，达到引人深思的效果呢？你的醒耳句需要满足以下三个要求：

第一，抓准社会的焦虑点

李小萌在《人物》杂志"2018 年度面孔·女性力量盛典"的演讲，主要谈及的是孩子教育过程中出现的丧偶式育儿的家庭关系。她给出了一个公式：中国的家庭 = 缺席的爸爸 + 焦虑的妈妈 + 失控的孩子。通过自己目前所做的这些事情，她要把"缺席的""焦虑的""失控的"三个形容词隐去。最后她是这么说的："在新的一年甚至更长的时间，让我们一起来重新定义中国家庭的关系。我相信预测未来最好的方法就是去创造它。"

最后一句"预测未来最好的方法就是去创造它"，是全篇演讲的点睛之句，也就是最重要的醒耳句。她复出的强烈愿望，她所追求的事业和个人的社会价值，都在最后一句话里体现出来了，并回应了当下社会中人们的焦虑情绪。这也就是她所倡导的，消除焦虑最好的办法就是做事情，在做的过程中去调整自己，而不是站在那里徘徊犹豫。

第二，具备直抵心灵深处的作用

醒耳句之所以跟其他句子不一样，它被创作出来的目的就是为了让人们都能有所触动。所以，醒耳句最重要的作用是直抵心灵深处。

我的学生在一篇演讲中说到自己的中学班主任由于某种

原因，最终结束了自己的教学生涯。受到这位老师的影响，他努力学习，最终战胜了自己身上的惰性。可是老师走了，他没有能力挽回这个局面。在演讲的最后，他是这么说的："我有一种深深的无力感，那种无力感是一个人同所有人惰性的抗争，同安于现状的一切的抗争。"主讲人对于无力感的倾诉，让人瞬间感受到了无助与迷茫，直抵心灵深处才能引发共鸣。

第三，将共情发挥到极致

没有什么比情感属性的醒耳句更让人动容的了。演讲的最高境界，是主讲人的情感诉求得到听众的高度认可。

有一篇演讲说的是主讲人的爷爷将一生奉献给了边远山区的建设，退休后回到老家，每日生活极富仪式感，不幸的是，老人家得了阿尔兹海默症。就在除夕一家人开心地吃完年夜饭，回家的途中，老人突然连家都不认识了。主讲人是老人的孙女，一时无法接受这个事实，所以在演讲最后，她情难自抑地说道："虽然爷爷有可能会忘记自己的年龄，忘记家人，甚至忘记自己刚刚吃了什么，但是我相信，他是永远爱我们的。"

这段演讲结束，现场的观众瞬间泪流满面。是的，疾病对于我们每个个体的伤害是无法预测的，要想治愈，除了灵丹妙药之外，还有一个东西最重要，就是爱。

如何能获得醒耳句呢？日常积累不能少。每天坐在电脑前硬生生地想是想不出来的，文字的力道需要大量的阅读以及写作才能获得。更为重要的是，你需要加强对生活的观察与思考。

## 自我复盘：通过全流程的复盘发现问题、解决问题

前面我曾多次强调，我们在练习表达时要把自己说话的过程录制下来，通过回放看几遍，听几遍。录制下来的目的就是为了自我复盘。这种方法对于学习语言表达至关重要，能使你的表达能力获得快速提升。一旦掌握，你将受益匪浅。

那么，职场表达的训练环节中，要怎么去做自我复盘呢？具体的操作是，用手机将你的讲话过程录音或者录像，以听众的身份从头到尾听下来或看下来，在已掌握的表达专业知识的基础上，对自己的呈现内容进行全方位的检查和判断，同时结合自己这位听众的反馈，以文字的形式总结下来。这就是自我复盘的过程。

在听自己的录音或者看自己的录像时，要从哪几个方面入手来做检查呢？

### 第一点，做呈现内容的复盘

这是自我复盘中最关键的一步。按照等比的时间把录音和录像都听一遍、看一遍，甚至有些段落需要多听、多看，才能进行判断和总结。

根据不同场景的表达，复盘检查的内容的侧重点也是各有不同的。比如，利用 PPT 做演讲时，主讲人是否把内容讲解清楚了？PPT 作为视觉化的表现手段，主讲人讲解的内容与 PPT 上的内容是否形成对应关系？主讲人所讲的内容是否过于艰涩，观众是否存在不容易理解的地方？PPT 制作的效果是否在会场上得到了完美呈现？

即兴表达最容易出现的问题是词不达意。词用错了，你所表达的意思也就完全不一样了。所以，在自我复盘时，要学会给自己挑错。

### 第二点，做语言技巧的复盘

任何跟说话有关的总结都离不开对表达技巧的分析，需要复盘的内容包括声音的高低、快慢、虚实、强弱等，这些都会影响到语言表达的效果。一个人的语言表达能力不同，最终呈现的效果也不一样。

在所有的表达因素里，最需要注意的是语速。因为语速对内容的干扰很大，有的主讲人说话快，会让观众跟不上节奏，进而放弃听讲，同时，也会让主讲人的心理节奏加快，进而产生紧张感。

除了语速之外，你还要检查语调。语言表达特别忌讳语调没有起伏，让人听着想睡觉，自我复查的时候需要对这一点加以关注。

接下来是检查语气和语态。语气和语态是两个专业性极强的概念，简单来说就是说话时的基调。说高兴的事，你的基调是喜悦的；说悲伤的事，你的基调就应该是凝重的。比如，你的演讲稿里有故事或者案例，你在讲故事时就要讲得生动有趣一些。

另外，还要注意说话的节奏。没有节奏感的表达，会让人听起来不舒服。同样，说话声音的大小，也要考虑观众的需求，不能太大，也不能太小。

### 第三点，做肢体语言的复盘

如果你需要在舞台上进行演讲，那你就需要做肢体语言的复查。

我们每个人或多或少都会有一些习惯性动作，比如有些人一坐下来就跷二郎腿，有的人走路驼背，还有的人想问题的时候会咬手指头。做这些习惯性动作的时候，我们心理上会觉得比较放松、比较安全。但是，如果这些动作出现在演讲中，就显得很不雅观。如果不通过看回放的方式来复查，我们是很难察觉这些问题的。只有站在观众的角度审视自己，我们才有可能发现自己身上存在的问题。

总结了这些问题之后，你需要做的是对着镜子练习，直到满意为止。

在肢体语言当中，须要特别注意的是眼神。在公开场合讲话时，你须要把自己的内心情感通过眼神外化出来，这样才能够通过眼神交流抓住观众的心，让你的语言直抵他们的心灵。

要想练习好眼神，首先需要捕捉自己产生强烈愿望的时候。当你的内心有非常强烈的情感表达愿望时，你的眼神才会显得很聚焦，才能感染观众。如果你在台上说话时眼神游离或者眼神空洞，坐在下面的观众就会觉得自己没有受到主讲人的关注，也就容易走神。

## 第四点，做创作思路的复盘

在自我复盘时，很多人会把注意力重点放在内容呈现的部分上，而常常忽视前期准备对内容呈现的影响。就像拍摄电影一样，前期的脚本创作对后期的电影制作有很大的影响，同样，演讲前期的稿件打磨对演讲的发挥也会产生影响，这些都需要在自我复盘中总结出来。

复盘创作思路时，既要思考前期的准备，也要回想观众的反应。自己表达得如何，来自观众的反应是最直接的。把自己在台上看到和感受到的东西放进自我复盘总结中，对你今后的表达很有帮助。

自我复盘的最后一步是给自己提问题，通过提问找到需要改进的地方。从前期准备开始，到呈现内容，再到观众的反应，最后以提问收尾，这样一场跟说话有关的自我复盘才算是完整的。

经过自我复盘，有些问题你还是不明白的话，就把疑惑写下来，等到后面尝试训练的时候，再去寻找解决问题的方法，通过反复练习最终将问题解决掉。

## ⑦ 答疑解惑 4

**问题一**：宋老师，我在面试的时候，总觉得自己说话欠缺逻辑，在面试时思考问题的方式和面试后思考问题的方式是不太一样的，想在面试时思考得更深入，回答得更有逻辑，该怎么改善呢？

**答**：所有的面试都有一个重要环节，那就是自我介绍。虽然我们不知道面试官会问什么问题，但我们能把握的是自我介绍这个环节，而且这也是我们有充分的时间去准备的部分。自我介绍说完以后，无论对方提出什么问题，你都需要做到基本表达所要求的：说话要有结构性。当然，你还需要利用我们前面所讲的听辨类训练方法听懂对方提的问题，明白对方话里蕴含的想法，这样在与人沟通交流的时候，就能做到游刃有余。

面试时的思考方式和面试后的思考方式不一样，这是肯定的。面试的时候你是应试人，面试后你是自我复盘者。面试时，你的注意力都放在如何回答问题上，而面试后你的注意力放在审视自己回答得是否周全。很多人无法做到在面试的时候将所有的问题都考虑到位，特别是在紧张的情况下，就更难做到。但当你放松之后，有更多的时间去复盘的时候，你对问题的考虑一定会更全面。

在我看来，在面试时，思考是否有深度，逻辑是否清楚，这些似乎没有那么重要。你的专业能力、业务能力是否过硬，才更为重要。如果你在回答问题时总能回答到点上，逻辑稍微乱一点，也无可厚非。你要明白，真正重要的是你的核心竞争力。面试官更关心的是这一点。当然，说话表达逻辑清晰，也是一个加分项。

**问题二：** 在日常工作或者沟通中，如何提升自己的结构思考力，精简提炼出总结性表达？

**答：** 这个问题中有两个关键词：结构思考力和总结性表达。在我看来，结构思考力与结构性表达是息息相关的。说话的时候，为了让人能听得懂，我们需要搭建一个逻辑通道，比如先说什么，后说什么，最后说什么，想好逻辑顺序，再告诉听众。接着，听众就会跟着这个逻辑通道来听理解我们要说的话的意思。具备建立通道的意识，就是结构思考力的表现所在。

说到总结性表达，我们必须明白，任何跟说话有关的表达无外乎就是开头、主体、结尾三部分。而我们需要下功夫的就是做到开头吸引人，主体层次清楚、内容饱满，结尾意味深长，给人留下深刻印象。

**问题三**：管理人员如何做到树立权威？

**答**：有这样一个故事，我有个学生毕业分配到地方院校当老师，他就怕学生不服，天天劈头盖脸地训斥学生，说只有这样才能树立威信。后来我跟他说，那些试图通过表面上的训斥、吓唬人来树立权威的领导者，最后都成功了吗？我们也是别人的下属，我们也都有自己的领导，我们心里觉得什么样的领导是最有威信的呢？反过来，当你做领导的时候，你就知道应该做什么。

在我看来，要想树立权威，要么你非常懂业务，能够靠业务能力使人折服；要么你非常懂管理，知道如何平衡团队中复杂的人际关系；另外，你的为人要公正，能够做到不偏袒，一视同仁地处理团队中的矛盾和分歧。

**问题四**：在部门工作汇报或与其他同事沟通的时候，我经常遇到被上级领导直接打断的情况，这样真的很影响我的表达思路，碍于上下级关系，我也不会直接指出。但是，领导经常这么做，给我带来了很大的困扰，让我感到压力很大。我还注意到，这位领导平常与其他同事交流也是这样。被打断后，我怎么做才能重新整理思路，不被干扰呢？

**答**：在职场上，领导占据话语的主动权，打断下属的话，是再正常不过的事。这个问题看似出在领导身上，但有一点值得反思，那就是你在汇报工作时，是否考虑过在讲解过程中自己有些内容没有讲清楚，领导没听明白？如果确实存在，那么他很有可能会打断你的讲话。所以，这就要求我们在汇报之前，理清自己的讲话思路。

当然，还存在另外一种情况，就是你的领导在理解力上存在问题。这就要求你在内容讲解上更要下功夫了。

如果你觉得自己在语言表达上没有问题，而你的领导还总是会打断你的讲话，那么这时你可以巧妙地给他一些暗示。比如，当你在回答了他的问题后，不知道接下来如何继续刚才的话题时，你可以说：看来我得去锻炼一下自己的记忆力了，因为您突然打断我，我只顾着回答您的问题，忘记自己说到哪里了。

**问题五**：在职场上，领导突然发火该怎么办？怎么去面对或者化解领导突如其来的情绪化？

**答**：遇到领导发火，如果这件事情跟你没有关系，你就尽量早点儿撤，否则你自己的心情也不会好；如果这件事情跟你有关系，你得想想领导发火的原因是什么。很多时候，他未必是针对这件事发火，有可能是最近他遭遇了一些不顺心的事，借此机会将情绪全部发泄出来。

作为下属，你需要了解你的领导是什么脾气秉性。了解了领导的脾气秉性，你就知道如何与之相处。遇到爱发脾气的领导，下属也要学会情绪的自我排解，不要把在办公室受的气带出办公室，给自己的生活平添烦恼。

**问题六：** 宋老师，如何才能把握好自己说话的语气和声调，让自己的话听起来温和、得体，听者能准确理解自己表达的意思呢？有人说我讲话声音大，显得有些咄咄逼人，但实际上我并不是那样的人。如何才能让自己表达得更得体、更有亲和力呢？

**答：** 你需要在生活中了解什么样的语气和声调是富有亲和力的。同样的一句话，你在表达时所采用的声调和语气不同，传达出来的感觉也是不一样的。比如"宋晓阳老师是一位好老师"这句话，如果你持肯定的态度，你会说，宋晓阳老师是一位好老师呢！如果你持否定的态度，你会说，宋晓阳老师是一位好老师？所以，当你想让自己表达得更得体、更有亲和力时，你可以通过语气和声调来调节。

**问题七：** 宋老师，我平时说话做事都特别慢，在日常生活中还好，但是进入职场会受影响。如果我讲话速度快一点儿，就会结巴或者反应不过来，这样有办法改吗？

**答**：有的人就是慢性子，你让他急，他就是急不起来，这可以理解。要想改变自己讲话的语速，会有点儿难，但也有一些方法，比如你平时可以多做一些"限时表达"的训练。所谓"限时表达"，就是限定时间来表达，比如要求你三分钟必须把一件事说完。你可以通过这样的训练，一点点提高自己的语速。

**问题八**：实习生离职该怎么和老板说呢？我已经和部门负责人沟通过一次，但是没和老板说，结果前天老板在吃饭的时候跟我说，希望我留下来，我应该怎么说才比较体面？

**答**：其实，这没有什么不好意思的，既然你已经决定要离开，就没有必要再曲曲折折，大大方方地跟老板说就可以了。刚入职场，最难把控的就是和领导之间的关系，特别是领导稍微对你亲切一点儿，你就会觉得领导对自己特别好，怎么忍心提离职呢？其实领导对你这样，对别人也是这样，这只是他与下属打交道的方法，你不必因为在心理上有愧疚感而不敢开口，要合理表达自己的想法。

**问题九**：我现在是本科三年级，去实习的时候觉得自己在与人交流时特别地生分，不知道该如何去称呼别人，有没有什么好的办法呢？

**答：**在职场上，管谁都叫"老师"其实是一个通用的手法，但有时候有的人对这样的称呼比较反感。称呼的使用跟一个人的性格有关系，也跟你想与对方建立什么样的人际关系有关系。如果你是职场新人，和周围的领导、同事还不太熟，你可以采用不出错的官方称呼模式。如果你们相处一段时间后，关系比较紧密了，可以用拉近彼此的熟人称呼模式。

**问题十：**我在处理突发事件的时候，思维很乱，说话不过脑子，怎么办？

**答：**其实这种情况考验的并不是你处理突发事件的能力，而是你处理日常问题的能力。为什么？因为突发状况只是日常生活中的一种特殊情况，你不能把特殊情况当成一般情况来处理，对吧？所以说，它考验的是你平时的问题处理能力。

而突发情况作为日常问题的升级版，考验的是你平时处理问题的应急反应能力。至于你说的思维很乱，说话不过脑子，不仅会存在于突发情况中，你在日常生活中应该也会有这样的问题，只不过受到突发情况的影响，你才意识到问题的严重性。所以，请先提升你在日常生活中处理问题的能力。

# 后 记

感谢你与我一起完成了职场表达能力提升之旅，从现在开始，你就是一位可以在职场上侃侃而谈的表达高手了。

当《如何成为职场表达高手》付费课程在音频分享平台"喜马拉雅"上线之时，我就已经计划将课程内容结集出版。为了该书的出版，我的至亲好友张颖找到了兆民老师，经他介绍，我与亚丁老师初步取得联系，并有幸拜访了时代华语，与俞根勇先生一拍即合，才有了该书的问世。在此，对各位朋友表示衷心的感谢。

在此感谢"喜马拉雅"的制作团队在音频内容生产中给予我的大力支持，感谢杨一骊、张甜、黄晴雪、陈恒达、志远、蔡娟、陈宇琪等各位朋友。

感谢课程上线时各位好友以及我亲爱的学生们的助力，感谢水均益、崔永元、文静、梁宏达、鲁健、苏扬、张春蔚、朱毅、李小萌、李艾、胡蝶、尼格买提、马思纯、曹林、阿忆、水亦诗、马凡舒、刘美麟等。没有你们的助力，就没有这门课程的顺利推出。

感谢为本书出版付出努力的亚丁老师，感谢俞根勇老师。

最后，感谢我的学生、合作伙伴王帅天，为音频课程交流群的日常维护和答疑部分的内容工作所付出的努力。

2019 年冬于北京